【資料と解説】

世界の中の憲法第九条

星野安三郎・森田俊男・古川 純・渡辺賢二＝著
歴史教育者協議会＝編

高文研

THE CONSTITUTION OF JAPA
rticle 9 [RENUNCIATION OF WA
spiring sincerely to an international peace based
istice and order, the Japanese people forever renou
ar as a sovereign right of the nation and the threat
se of force as means of settling international dispu
n order to accomplish the aim of the preceding pa
raph, land, sea, and air forces, as well as other
otential, will never be maintained. The right of bel
rency of the state will not be recognized.

✺——はじめに

一九九九年五月、オランダのハーグで開かれた世界平和市民会議は、一〇の基本原則を採択した。その第一に、日本国憲法第九条がとりあげられたことを知ったときの大きな驚きと喜びは、いまだ忘れることができない。世界じゅうの平和を願う人々のこれからのとりくみにとって、第九条が重要なモデルとして位置づけられたのである。第九条は、いまや日本だけの第九条ではなく、世界の第九条になったのだ。

よく考えてみれば、それはけっして偶然ではない。第九条の背後には、平和を創りだすための永年にわたる人類の智恵が積み重ねられているのである。「戦争の世紀」ともいわれる二〇世紀だったからこそ、とりわけこの一〇〇年の間に、平和創造の努力は大きくすすみ、今も着実にその成果を生み出しつつある。

にもかかわらず、戦争はこの地球上でいまなお続き、日本では、第九条を変えてしまおうといううごきも急である。

そこで本書では、日本国憲法第九条を、あらためて世界の歴史と現代の動向のなかに位置づけて、より深くとらえなおしてみようとこころみた。四人の著者の論文と、それに付された豊富な資料は、「戦争の世紀」をのりこえて平和の二一世紀を創り出す展望を、十二分に与えてくれるものと確信している。

学校で、地域で、さまざまなサークルや集いなどで、本書を大いに活用していただければ幸いである。

歴史教育者協議会

◉——もくじ

第Ⅰ部　歴史の分水嶺としての憲法第九条　星野安三郎

世論調査にみる日本国民の意識と課題　1
旧約聖書の真理性　4
軍備制限・戦争放棄と自衛権の問題　7
国連憲章——自衛権と敵国条項　11
旧恩給法に見る平和的生存権侵害　13
憲法の平和主義による法律の改正　16
非武装平和憲法に対する世界の評価と期待　19
若い世代が発展させる憲法の未来像　21

第Ⅱ部　世界史をつらぬく
戦争の制限・戦争の放棄の理念と国際法の流れ　森田俊男

はじめに——戦争の制限・戦争の放棄の理念と国際法を学び引き継ぐ……23
戦争は人間の本性・本能ではないのか
原始社会において人間性をとらえること
古代専制国家の戦争の惨禍のなかで
近代の入り口に立って確かめられること

1　革命の時代の平和思想と法……31

平和の理念と国際秩序
——その法の成立、国際平和機構の構想について
近代の日本において
2 ヨーロッパのアジア・アフリカ進出と帝国主義の時代
——平和と人権・人道の理念と国際法の形成 …… 36
戦争の制約、戦争の放棄の理念と国際法の成立、国際機構論について
日本において
3 第一次世界大戦の惨禍——戦争違法化の時代へ
——国際連盟規約と不戦条約 …… 43
戦争の制限・戦争の放棄の理念と国際法の展開・発展について
日本において
4 第二次世界大戦の惨禍と「冷戦」
——国連憲章原則・世界人権宣言・ジュネーブ四条約 …… 53
戦争の制限・戦争の放棄の理念と国際法、国際機構論について
日本において
5 二一世紀・非暴力・平和の国際秩序に向けて
——国連の改革と国際刑事裁判所の成立と …… 69
戦争の制限・戦争の放棄の理念と国際法、国際平和機構について
日本において
*第Ⅱ部資料編（もくじ後掲） …… 84

第Ⅲ部　戦争「違法化」へとすすむ世界の憲法と非核自治体運動　古川　純
1　戦争の「違法化」と憲法による戦争・武力行使の制限・禁止……135
戦争の違法化（「非合法化」）の歩み
憲法による戦争・武力行使の禁止と主権の制限
2　非核自治体宣言から条例へ……141
アメリカの非核条例（非核兵器シカゴ市条例）
3　憲法の平和的生存権保障と非核平和行政……143
自治体の責務
「非核神戸方式」をめぐる攻防
4　無防備地域宣言の可能性……146
軍事施設を拒否する無防備地域宣言
＊第Ⅲ部資料編（もくじ後掲）……149
◆新たな憲法学習のために
「平和の学力」をどう育てるか
――どう問いかけ、思考させるか　渡辺賢二
1　日本国憲法の平和原理に確信をもたせるには？……183
憲法を守るのは誰か？
憲法前文の平和原理と歴史のかかわりを考える

権利主体になることの意味
2　「平和の学力」をどう育てるか……188
「平和の学力」とは
コスタ・リカの取り組みから学ぶ
ミクロネシア憲法前文から学ぶ
非暴力・戦争抑止の思想をどう学ぶか

◉——資料もくじ

第Ⅱ部・資料

【第1節】
＊アメリカ独立宣言（一七七六年七月四日）　84
＊アメリカ合衆国憲法修正一〇カ条（一七九一年）　85
＊フランス人および市民の権利宣言（一七八九年）　85
＊フランス共和国憲法（一八四八年）　85
＊カント『永遠平和のために』（一七九五年）　86
＊エマーソン「人間の魂の求める平和」——『戦争について』（一八三八年）　87
【第2節】
＊赤十字条約（一八六四年）　88
＊サンクト・ペテルブルク宣言（一八六八年）　88
＊毒ガスの禁止に関するヘーグ宣言（一九〇〇年）　88

＊ダムダム弾の禁止に関するヘーグ宣言（一九〇〇年）　89
＊陸戦ノ法規慣例ニ関スル条約・規則　89
＊D・ソロー「非暴力抵抗により自由と平和を」（一八四九年）　91
＊W・E・B・デュボイス「あらゆる洗練された平和的方法で」（一九〇三年）　92
【第3節】
＊「平和布告」ジョン・リード『世界をゆるがした十日間』から（一九一七年）　93
＊ウィルソン「十四ヵ条」（一九一八年）　94
＊国際連盟規約〔ヴェルサイユ平和条約第一編〕（一九二〇年）　96
＊毒ガス等の禁止に関する議定書（一九二八年）　96
＊不戦条約〔戦争抛棄ニ関スル条約〕（一九二九年）　97
＊侵略の定義に関する条約（一九三四年）　97
【第4節】
＊英米共同宣言〔大西洋憲章〕（一九四一年）　97
＊ポツダム宣言（一九四五年）　98
＊極東軍事裁判所憲章（一九四六年）　99
＊国際連合憲章（一九四五年）　100
＊植民地独立付与宣言〔植民地諸国、諸人民に対する独立付与に関する宣言〕（一九六〇年）　103
＊友好関係原則宣言〔国際連合憲章に従った諸国間の友好関係及び協力についての国際法の原則に関する宣言〕（一九七〇年）　103
＊侵略の定義に関する決議（一九七四年）　104

＊世界人権宣言（一九四八年）105
＊戦地にある軍隊の傷者及び病者の状態の改善に関する一九四九年八月一二日のジュネーヴ条約〔第一条約〕（一九五〇年）106
●海上にある軍隊の傷者、病者及び難船者の状態の改善に関する一九四九年八月一二日のジュネーヴ条約〔第二条約〕（一九五〇年）106
●捕虜の待遇に関する一九四九年八月一二日のジュネーヴ条約〔第三条約〕（一九五〇年）107
●戦時における文民の保護に関する一九四九年八月一二日のジュネーヴ条約〔第四条約〕（一九五〇年）107
＊国際的武力紛争の犠牲者の保護に関する追加議定書〔第一議定書〕（一九七八年）108
●非国際的武力紛争の犠牲者の保護に関する追加議定書〔第二議定書〕（一九七八年）109
＊集団殺害罪の防止及び処罰に関する条約〔ジェノサイド条約〕（一九四八年）110
＊戦争犯罪及び人道に対する罪に対する時効不適用条約（一九七〇年）110
＊軍縮大憲章〔軍備の全般的な規制及び縮少を律する原則〕（一九四六年）111
＊非同盟諸国国家・政府首脳の宣言（一九六一年）111
＊核兵器使用禁止決議（一九六一年）112
＊第一回国連軍縮特別総会最終文書（一九七八年）112
＊朝鮮独立宣言書（一九一九年）114
＊マハトマ・ガンディー「最大の力――非暴力の五つの公理」（一九三五年）114
＊マーチン・ルーサー・キング「非暴力者の十戒」（一九六四年）114

【第5節】

＊ハーグ・アピール市民平和会議―公正な世界秩序のための10の基本原則（一九九九年） 116
＊包括的核実験禁止条約（一九九六年未発効） 116
＊国連総会決議　核兵器のない世界へ――新たな課題の必要（一九九九年） 116
＊東南アジア非核兵器地帯条約（一九九七年） 118
＊化学兵器禁止条約（一九九七年） 118
＊対人地雷禁止条約（一九九九年） 119
＊重大な人権侵害の被害者にたいする被害回復に関する提案（一九九三年） 119
＊国連人権小委員会　マクドゥーガル報告書　付属文書「第二次世界大戦時に設置された『慰安所』についての日本政府の法的責任の分析」（一九九八年） 121
＊旧ユーゴスラヴィア国際裁判所規程（一九九三年） 122
＊国際刑事裁判所規程（国際刑事裁判所に関するローマ規程）（一九九八年未発効） 124
＊ユネスコ・国際理解、国際協力、国際平和のための教育、並びに人権、基本的自由についての教育に関する勧告（一九七四年） 128
＊ユネスコ主催軍縮教育世界会議・「軍縮教育10原則」（一九八〇年） 129
＊暴力についてのセビリア声明（一九八六年） 130
＊ユネスコ編『暴力についてのセビリア声明――平和構築の土台を準備しよう』（一九九一年） 130
＊国連・平和の文化に関する宣言（一九九九年） 132

第Ⅲ部・資料

【第1節】

＊フランス憲法　149
＊ブラジル憲法　149
＊フィリピン憲法　149
＊イタリア憲法　150
＊ドイツ・ボン基本法（一九四九年五月）　150
＊コスタリカ憲法（一九四九年一一月公布、施行）　150
＊パラオ憲法（一九八〇年七月三一日パラオ議会承認、八一年一月一日施行）　151
＊一九八六年フィリピン憲法（一九八七年二月二日国民投票承認）　152
＊非核兵器法（一九八八年六月六日フィリピン上院可決、ただし下院は反対）　152
＊非核マニラ条例　156
＊ボーラー決議案（一九二七年一二月一二日）　157

【第2節】

＊北海道函館市・核兵器廃絶平和都市宣言　159
＊東京都港区・平和都市宣言並びに核武装阻止に関する決議　159
＊東京都・国立市非核武装都市宣言　159
＊神奈川非核兵器県宣言　160
＊京都市・非核、平和都市宣言　160
＊大阪府摂津市・憲法を守り人間を尊重する平和都市宣言　161
＊大分県佐賀関町・非核・平和都市宣言　161

＊沖縄県読谷村・非核宣言　162
＊非核兵器条例のモデル文案　162
＊非核兵器シカゴ市条例　165
＊品川区平和基金条例　167
＊藤沢市平和基金条例　168
＊名古屋大学平和憲章　169
【第3節】
＊核兵器積載艦艇の神戸港入港に関する決議　172
＊神戸市港湾条例　172
＊石垣市平和港湾宣言決議（一九九九年八月二六日、石垣市議会にて可決）　172
＊ニュージーランド非核地帯・軍縮・軍備管理法抄（一九八七年六月四日採択）　173
【第4節】
＊国際的武力紛争の犠牲者の保護に関する追加議定書〔第一議定書〕　176
＊非核無防備平和都市条例（案）――天理市　180
＊非核都市平和条例（案）――小平市　181

装丁　商業デザインセンター・松田礼一

◆第Ⅰ部

歴史の分水嶺としての憲法第九条

星野安三郎

今年は西暦紀元二〇〇〇年、過ぎ去った二〇〇〇年の歴史を振り返り、今後二〇〇〇年の未来をどうするかが問われている。このような時、国際連合は今年を「平和の文化国際年」と定め、戦争と暴力のない二一世紀をめざしている。このような人類史の重大な転換期に直面して、日本国民としてどう対処するかが課題となるが、これを見る上で第一に注目したいのは、「東京新聞」が行った日本・中国・タイ・アメリカ・フランス五カ国の国民の世論調査である。三〇項目に及ぶ質問と結果は、「東京新聞」(二〇〇〇年一月一日付)に、一、二面にわたって詳しく伝えているが、その中から、戦争と平和、核戦争、軍縮に関する質問と回答結果を手がかりに、日本国民の課題を見る。

世論調査にみる日本国民の意識と課題

二一世紀をどうするか、日本国民の課題を見る上で重要なのは、戦争・核戦争・軍縮について、日本国民がどのように考え、どのように対処しているかである。

〈質問〉「二一世紀の世界で最も不安に感じること」

これについて日本は環境破壊五七％、失業一四％、犯罪・テロ一二％、戦争九％、貧困二％の順で答えている。戦争の不安九％と少ないのは、歴史的経過による。明治維新以来、日清、日露、第一次大戦、シベリア出兵、アジア・太平洋戦争と戦争に明け暮れた戦前と相違して、戦後は五〇年以上、日本は一度も戦争を行わず、砲爆撃も受けず、戦死者も出していない。要するに、戦争の不安をあまり感じないのは、平和が続いたことによる。

〈質問〉「二一世紀に核戦争が起きると思うか」

これについて日本では、核戦争が「起きる」三％、「起きるかもしれない」五六％、合計五九％に対して、「起きない」は四〇％。このような核戦争に対する国民の不安は、原爆被爆体験と、米・中両国の核政策に起因する。

〈質問〉「自分の国が他国から侵略された場合、あなたは命をかけて守りますか」

これについては、「命をかける」二〇％、「命をかけない」二九％、「どちらともいえない」五〇％と意見が分かれている。このように侵略された場合にどうするかについての国民的合意がないのは、戦前・戦後を通じて、外国から侵略されたことがないためである。

〈質問〉「日本は二一世紀にどの分野で世界に貢献すべきと思うか」

これについての回答は、環境保護三九％、経済・技術援助三一％となっている。さらに「国際平和への軍事協力」（七％）よりも「軍縮」（一一％）を重視するが、このことも国民の経験からして当然である。「国際平和への軍事協力」とは、国連のＰＫＯ（平和維持作戦）への軍事協力をいうのだが、国民の多くはＰＫＯ

協力法にもとづく自衛隊の海外派兵を憲法違反だとして反対した。このような経験からして「国際平和への軍事協力」よりも「軍縮」を日本の貢献と思うのは当然だが、問題なのは、米・中両国民の答えである。

日本とは反対に、米国は「軍縮」（三％）よりも「国際平和への軍事協力」（二五％）を強く望み、中国も「軍縮」（七％）よりも「軍事協力」（一七％）を望んでいる。

〈質問〉「二一世紀の世界平和のために、国連の活動に期待しますか」

これについて日本国民は、「期待する」四〇％、「やや期待する」三一％で合計七一％、一方「期待しない」八％、「あまり期待しない」二一％と、計二九％、七割以上が肯定的に答えているが、問題なのはその内容である。「世界平和」には、国連憲章に定める軍事力による「武装平和」と、日本国憲法に定める軍事力によらない「非武装平和」の相違がある。これと関連して国連の役割には「平和十字軍」と「人権十字軍」という相違がある。

「平和十字軍」とは、国連の安全保障理事会を中心とする、軍事力によって平和を維持する機能である。これに対して「人権十字軍」とは、人権保障のため、軍事力によらない経済的・社会的・文化的協力を通じて、平和の基礎を築く役割である。

このことからすれば、日本国民が期待する国連の役割は、軍事力による「平和十字軍」の役割よりも、軍事力によらない「人権十字軍」の役割だと思うのだが、問題は米国民の答えである。この「人権十字軍」に対しては、「期待する」一一％、「やや期待する」一六％、合計二七％に対して、「あまり期待しない」三七％、「期待しない」三五％、合計七二％に及んでいる。

ソヴィエト崩壊後、唯一の軍事超大国になった米国は、世界の平和は自国の経済的・政治的・軍事力によって維持すればよく、国連に頼る必要はないという理由によると思われる。このことは、米国が経済的・社会的・文化的協力を任務とするユネスコから脱退した事実にも示される。

以上の世論調査からすれば、日本国民の課題は明らかとなる。米国民の期待する軍事協力とは反対に、日本国民の望む軍縮をすすめるということである。さらにいうならば、日本国憲法に示された諸国民の平和的共存権の実現のため、すべての戦争と軍備をなくす努力の必要である。

これと関連して第二に注目したいのは、昨一九九九年、オランダのハーグで開かれた「世界平和市民会議」の決議である。この会議は「二一世紀の世界から軍備と戦争をなくす」ことを目的に開かれたが、決議された「公正な世界秩序のための10の基本原則」の第一には、「各国議会は、日本国憲法第九条のような、政府が戦争をすることを禁止する決議を採択すべきである」とかかげられていた。私たちはこの決議に応えるために、四千年前の旧約聖書に示された「言葉」を地上に実現することに努めなくてはならない。そこで次に、旧約聖書から世界平和市民会議へと、すべての軍備と戦争の放棄を願う人類の歩みを概観する。

旧約聖書の真理性

ヤハウェ（エホバ）は国々の間を審《つまびら》き、多くの民の仲裁に立たれる。
かくて彼らはその剣を鋤《すき》に打ち変え、その槍《やり》を鎌に変える。
国は国に向かって剣を上げず、戦争のことを再び学ばない。

（イザヤ書二第2章5節　関根正雄訳　岩波書店）

ニューヨークの国連本部の前庭には、この一節を台座に刻み、剣を鋤に鍛え直すべくハンマーを高く振り上げた人物の銅像がある。

この言葉とそれを具象化した銅像は、二一世紀、人類が実現すべき課題を示して重要と思うので、改めてその真理性を検討する。

ここでいう「剣」と「槍」は、人を殺傷する戦争用の道具であり、「鋤」と「鎌」は、食糧を生産する農耕用の道具である。したがって、剣と槍を打ち直して鋤と鎌に作りかえれば、剣と槍をもってする戦争は不可能になり、戦争に従事する武士、兵士、軍人は失業する。このことは、戦争を防止するためには、すべての武器と軍隊をなくすことが必要不可欠なことを示している。

武器と軍隊をなくせば、人民間の利害と意見の対立、問題と紛争を、暴力、武力、軍事力で解決することはできず、話し合いを通して平和的に解決せねばならなくなる。「喧嘩《けんか》」という文字は、いずれも「口」偏であり、手偏、足偏、木偏、石偏、忄《りっしん》偏でないことに見られるように、意見や利害の対立がある場合には、手や足を使って、殴ったり蹴ったり、木や石を使って暴力で解決したり、憎み合い心を傷つけ合って解決してはならず、「口」すなわち「言葉」で話し合って、平和に解決させねばならないことを示している。

このことは、「喧嘩」の文字は、以前は「言」偏であったこと、さらに、中国における「喧嘩」の習慣に示されることについては、別の機会に論じたのでここでは省略するとして、「喧嘩」の文字は、意見や利害の対立、問題や紛争がある場合――

公開の場で、第三者を交えて、

暴力や武力によらず、話し合いで平和的に解決する。

また上から一方的、官僚的に解決せず、紛争当事者間だけではなく仲間、同僚の立ち会いによって民主的に解決する、

という三原則を背後にもつことを付記しておく。

以上、戦争を防止する上での旧約聖書の意味を見たが、つぎは、戦争とは反対に平和を実現する上での聖書の意味である。武器の放棄により失業した兵士は、鋤と鎌をもってする食糧生産に従事し、そのことによって平和な社会の建設を可能にする。このことは、「相和す」「平和」「共和」などの文字に示される。「相和す」とは、仲良くなることをいうが、もともとは食事を共にすることをいう。「和」という字は、禾本科植物の「禾」に「口」を加えた文字で「禾」を「口」に入れること、すなわち食事をすることをいうが、「和」は「なごむ」「なごやか」とも読む。「空腹は悪魔の遊び場」という言葉に見るように、空腹の時は、心がいらいらとげとげするが、食物を口に入れれば、心は満ち足りて和やかとなる。したがって食事を共にすれば、お互いに心は満ち足りて和やかとなり、仲良くなる。このことは、「友情は胃袋から」「ひとつ釜の飯を食った間柄」「寝食を共にした間柄」「お近づきのしるしにいっしょに食事をしましょう」や「一味」「味方」などの言葉に示される。

このように、食事を共にすれば仲良くなるが、仲間になるためには食物の公平、平等な分配が必要となる。その反対に食物で差別されれば、「食い物の恨みは末代までたたる」というように「相和す」とは反対に「不和」となり、社会は「平穏」を欠いて「不穏」となる。平和の維持には、平和の文字通り「和」すなわち食物の公平、平等な分配の必要を示している。

このように、平和の維持には食物の公平、平等な分配が必要だが、そのためにはそれを可能にする食物の生産と増産が必要となる。

このことからすれば、剣と槍を打ち直して鋤と鎌にかえる聖書の真理は明らかとなる。剣と槍による戦争を不可能にするとともに、鋤と鎌による食糧生産とその公正な分配は、永遠の平和を可能にするが、反対に鋤と鎌を打ち直して剣と槍にかえれば、食糧生産はストップし飢餓を招く。そこで飢餓から免れて生きるためには、剣と槍による戦争に訴えて、他国民の食糧掠奪を繰り返し、人類の滅亡をもたらすことになる。

以上、旧約聖書の言葉の真理性を見た。結論的にいうならば、世界から戦争をなくし、永久平和の実現には、殺戮《さつりく》と破壊をもたらす武器と軍隊をなくし、生産用の道具に転換することが必要不可欠だということである。

軍備制限・戦争放棄と自衛権の問題

そこでつぎに、戦争放棄と軍備に関して、第一次大戦後の国際条約と日本政府の対応を見る。

(1)　国際連盟規約と軍備縮小

第一次大戦は、ヨーロッパを中心に戦われたが、日本は日英同盟条約にもとづいて大戦に参加して勝利した。そして、一九二〇（大正九）年に調印された「国際連盟規約」を受け入れて常任理事国になった。この規約の前文は「締約国は、戦争に訴えざるの義務を受諾し」と規定していた。これは、国家主権の属性として国家に戦争する権利があるというそれまでの考え方を否定して、戦争に訴えない義務を定めたのである。軍縮については、つぎのように定めていた。

第八条一項（軍備縮小）

締約国は、平和維持のためには其の軍備を国の安全及国際義務を共同動作を以てする強制に支障なき最低限度迄縮小するの必要を承認する。

この規定に従って日本は別表のように軍縮を実現したが、忘れてならないのはそれを可能にした国民の反

ワシントン条約・ロンドン条約による日本の軍縮

陸軍	第一回将兵	62,500名
	第二回将兵	36,900名
	計	99,400名
海軍	軍艦17隻：45万トン ＊米国＝28隻，英国＝28隻	

戦平和軍縮運動である。これについては松下芳男『三代反戦運動史』（くろしお出版　一九六〇年）に譲り、衆議院議員・尾崎行雄の活動を紹介する。

尾崎は一九二一（大正一〇）年二月、衆議院に次の決議案を提出した。

一、帝国の海軍は、英米二国と協定して、之を整理緊縮すること。

一、陸軍軍備は、国際連盟規約に基き、之を整理緊縮すること。

尾崎は提案理由として、国防は絶対的でなく相対的だから、各国が軍備を三分の二に縮小すれば「外国も強くならず、日本も強くならず、減らしただけ担保になる」と軍縮の必要を訴えた。にもかかわらず衆議院はこの主張に耳を貸さず、賛成三八票、反対二八五票の圧倒的多数で否決した。

しかし、尾崎は、この票決をもって国民の世論を代表したものではないとし、国民の意見を、直接投票に問おうと決意して、全国各地を遊説した。そして大正一〇年二月から、六月下旬にわたり、この軍縮論をひっさげて、一三学校、四団体、四九市、二三町に演説し、三二回の茶話会に出席した。行程およそ一万五〇〇〇キロ、聴衆約七万三七〇〇名にたっした。驚くべき熱意と努力であって、これほどの例は前になく、また後にもない。

そして、聴衆に賛否を問うたところ、総投票数三万一五一九票のうち、賛成二万九二五五票、比率にすると、九二・八%の賛成に対して五・五%が反対、一・七%が中立であった。ただし入場者のうち四万名あまりが投票していないので、この人々の意向はわからない。けれども、衆議院の議決数に比較すれば、聴衆の多くは軍縮に賛成だったといえるだろう。

(2)　不戦条約に対する日本の対応と「自存権」

戦争放棄に関する条約（パリ不戦条約。一九二八年に調印）については、日本は翌二九（昭和四）年に加盟したが、その第一、二条ではつぎのように定めていた。

第一条「締約国ハ、国際紛争解決ノ為戦争ニ訴フルコトヲ非トシ、且其ノ相互関係ニ於テ国家ノ政策ノ手段トシテノ戦争ヲ放棄スルコトヲ其ノ各自ノ人民ノ名ニ於テ厳粛ニ宣言ス」

第二条「締約国ハ、相互間ニ起ルコトアルベキ一切ノ紛争又ハ紛議ハ、其ノ性質又ハ起因ノ如何ヲ問ハズ、平和的手段ニ依ルノ外之ガ処理又ハ解決ヲ求メザルコトヲ約ス」

この規定で第一に注目したいのは、一条末尾にいう「各自ノ人民ノ名ニ於テ……」という字句である。「締約国ハ」というように、条約は、人民間の契約ではなく、国家間の契約とされたため、国家の元首である君主や大統領の名で締結するのを慣例とした。にもかかわらず、末尾に「各自ノ人民ノ名ニ於テ……」と加えたのは、第一次大戦を契機とするソヴィエト社会主義共和国連邦の誕生と関連した労働者、女性、市民による労働運動、女性解放運動、反戦平和軍縮運動の世界的高まりによる。

このような運動は日本でも同様であり、石橋湛山の主張にも示される。これについては「石橋湛山と憲法学――小日本主義の憲法史的意義」と題する私の論文で詳しく論じたので省略するが、問題は日本政府の対応である。

この条約の批准にあたって、日本政府は「各自ノ人民ノ名ニ於テ厳粛ニ宣言ス」の字句は、日本国に適用しないと声明した。この括弧の部分は、「天皇ハ戦ヲ宣シ和ヲ講シ及諸般ノ条約ヲ締結ス」と定めた明治憲法第一三条、つまり日本の「国体」に反するという理由による。

この事実は、石橋湛山の主張する中国からの撤兵・軍備全廃を否定し、条約の締結とその運用は元首と政府が行うことを宣言したことを意味して重要だが、注目したいのはその条約の解釈である。第一条はすべて武器を禁止したものではなく、

①侵略国に対して国際連盟が行う制裁戦争と

②自衛権にもとづく戦争

を認めていた。このことは、不戦条約の批准に際し、アメリカが政府公文でつぎのように明言し、締約国も了承したことを見ればわかる。

不戦条約のアメリカ案は、「いかなる形においても自衛権を制限しまたは毀損するなにものも含むものではない。この権利は各主権国家に固有のものであり、すべての条約に暗黙に含まれている。各国は、いかなる場合にも、また条約の規定に関係なく、自国の領土を攻撃または侵入から守る自由をもち、また事態が自衛のための戦争に訴えることを必要とするか否かを独自に決定する権限をもつ」というものであった。

第二の問題は、不戦条約に違反して戦争に訴えた締約国に対する戦争の問題である。

不戦条約の前文には「今後戦争に訴えて国家の利益を増進せんとする署名国は、本条約の供与する利益を拒否される」とある。これは、違反国に対しては締約国は戦争放棄義務から解放され、合法的に武力を行使できると解されていた。

第三の問題は、不戦条約の締約国と非締約国との間の戦争の問題である。

これについては、不戦条約は何も述べてはいなかった。これは「契約は第三者を利さず害さず」という論理による。

このような例外の中、特に重要なのは、第一の自衛権にもとづく戦争である。その一例として米・英両国

に対する一九四一年一二月八日の昭和天皇による「宣戦の詔書」がある。

この詔書では「帝国ハ今ヤ自存自衛ノ為蹶然《けつぜん》起《た》ツテ一切ノ障碍《しょうがい》ヲ破砕スルノ他ナキナリ」と述べていた。問題はこの「自存自衛ノ為」である。国家固有の権限には「自衛権」と「自存権」の二つがあり、「自衛権」が外国からの攻撃や侵略から自国を守る権限であるのに対して、「自存権」は、そのような侵略がない場合でも、自国の存立に必要と認めた場合には戦争に訴える権限をいう。このことからすれば、詔書の「自存自衛ノ為」が何をさしていたか明らかである。

詔書では、米・英両国が日本に対して武力攻撃や侵略を行った事実については何も示していないのにもかかわらず、両国に宣戦したのは、「自衛権」ではなく「自存権」による。

このように「自存自衛」という用語はあいまいで、侵略戦争に使われた経験から、「自衛権」を明確にする必要が生まれてくるが、それを明確にしたのが第二次大戦をへたあとの国連憲章である。

国連憲章――自衛権と敵国条項

連合国は一九四五年六月二六日、「国際連合憲章」を採択したが、「自衛権」についてはつぎのように定めている。

第五一条　個別的、集団的自衛権

この憲章のいかなる規定も、国際連合加盟国に対して武力攻撃が発生した場合には、安全保障理事会が国際の平和及び安全に必要な措置をとるまでの間、個別的又は集団的自衛の固有の権利を害するものではない。（以下略）

このように第五一条は、国連加盟国に対する武力攻撃が発生した場合における自衛権を定めるが、当時の日本はまだ連合国と交戦状態にあり、もちろん国連加盟国ではなかった。そればかりか、国連憲章第五三条は「敵国条項」として、つぎのように定めている。

第五三条　敵国条項（強制行動）

1　安全保障理事会は、その権威の下における強制行動のために、適当な場合には、前記の地域的機関を利用する。ただし、いかなる強制行動も、安全保障理事会の許可がなければ、地域的取極に基いてまたは地域的機関によってとられてはならない。もっとも、本条2に定める敵国のいずれかに対する措置で、第一〇七条に従って規定されるもの又はこの敵国における侵略政策の再現に備える地域的取極において規定されるものは、関係政府の要請に基いてこの機構がこの敵国による新たな侵略を防止する責任を負うときまで例外とする。

2　本条1で用いる敵国という語は、第二次大戦中にこの憲章のいずれかの署名国の敵国であった国に適用される。

この規定に見るように国連憲章は、第二次大戦中に連合国であった英・米・仏・中・ソなどの人民が日・独・伊などの「敵国」を頭におきながら作った「連合国」の「憲章」だが、重要なのは先に示した第五三条一項の傍線部分である。「この敵国における侵略政策の再現に備える地域的取極」とか「関係政府の要請に基いてこの機構がこの敵国による新たな侵略を防止する責任を負うときまで」と繰り返し言うからである。このことからすれば、国連憲章第五一条と第五三条には、日独伊の枢軸国が「自存自衛」の名で行った侵略戦争の再発防止という意識が強く働いていることがわかる。

つぎに、再発防止の第二の理由は、「武力による威嚇」と「武力の行使」という用語の問題である。先にも見たように、日本は国際連盟規約と不戦条約に加盟したが、そこで放棄したのは「戦争」であって、「武力の行使」と「武力による威嚇」という用語は当時はまだ存在しなかった。このことから、日本は脱法行為として、宣戦布告によらない「満州事変」「日支事変」という名の「武力行使」と「武力による威嚇」を行った。このことから、戦争を禁止しても戦争を防止できず、戦争に発展するおそれのある「武力の行使」と「武力による威嚇」を規制することが必要となった。

その必要に答えたのが、国連憲章である。前文では、武力不行使の原則をかかげ、第二条の四では「すべての加盟国は、武力による威嚇又は武力の行使を……慎まなければならない」と規定した。これを受けて、日本国憲法第九条が「国権の発動たる戦争」と「武力の行使」と「武力による威嚇」の三つを「永久に放棄する」と定めたのは、再び脱法行為を犯さぬことを誓ったからにほかならない。このことからすれば、憲法九条は国家の自衛権を否定せず、したがって、自衛権にもとづく必要最小限度の防衛力は九条に違反しないという政府の解釈と運用は、戦前と同じあやまちを繰り返すもので、このことは平和的生存権保障についての戦前・戦後の相違に示される。

旧恩給法に見る平和的生存権侵害

戦争と軍隊は、国民に兵役・戦争協力義務を強制し、諸国民の平和的生存権を侵害する。このことは一九二三（大正一二）年の恩給法に示される。

●旧恩給法

第四九条　公務傷病ノ原因ヲ分ツテ戦闘又ハ戦闘ニ準スヘキ公務ト普通公務トス

戦闘ニ準スヘキ公務ノ範囲、公務傷病ニ因ル不具疾病ノ程度及傷病年金ヲ給スヘキ傷病ノ程度並教育職員、警察監獄職員、待遇職員、準文官、準軍人及準教育職員ノ公務傷病ニ関スル規定ノ適用ニ

付テノ階等ハ勅令ヲ以テ之ヲ定ム

これに見るように、公務について「戦闘又ハ戦闘ニ準スヘキ公務」を先にあげ「普通公務」を後にした第四九条に基づいて、同法施行令は「戦闘ニ準スヘキ公務ニ因ル傷病疾病」について、次のように定めていた。

●恩給法施行令

第二三条　恩給法第四九条第二項ノ規定ニ依ル戦闘ニ準スヘキ公務ニ因ル傷病疾病トハ左ニ掲クルモノヲ謂フ

一　戦地ニ於テ勤務中敵ノ設置若ハ遺棄シタル危険物ニ因ル又ハ敵対行動中ノ不可抗力ニ因ル傷病疾病

二　暴徒鎮圧又ハ集団ヲ為ス馬賊海賊蕃人等討伐中ノ敵対行動ニ因ル又ハ敵対行動中ノ不可抗力ニ因ル傷病疾病

三　外国ノ交戦若ハ擾乱ノ地域内ニ於テ勤務中又ハ該地域内ヲ職務ヲ以テ旅行中ニ於ケル該交戦又ハ擾乱ニ因ル傷病疾病

四　航空機ニ乗シ航空勤務中又ハ潜水艦ニ乗シ潜航勤務中ノ不可抗力ニ因ル傷病疾病

五　職務ヲ以テ兇賊又ハ脱獄囚ヲ逮捕スルニ当リ危害ヲ加ヘラルヘキコトヲ予断シ得ルニ拘ラス危険ヲ冒シテ其ノ職務ヲ執行シタル為加ヘラレタル傷病疾病

六　職務ヲ以テコレラ又ハペストノ防疫、診療又ハ看護ニ直接従事シ之カ為罹リタル該疾病

七　急流其ノ他生命ノ危険ヲ感スヘキ事情ノ下ニ於ケル潜水勤務ニ因ル傷病疾病

ここで第一に注目したいのは、一項にいう「戦地」「敵」「敵対行動中」という用語である。「戦地」における「戦闘」では、殺すか殺されるかということから、「敵」か「味方」かの違いが決定的に重要となる。

したがって、「味方」に協力せず、反抗する者はすべて「敵」と見なし、子ども、女性、老人をも殺傷するようになる。

第二に、二項にいう「暴徒鎮圧」と「馬賊海賊蕃人等討伐中」についてである。日本の軍隊が行う戦争・戦闘に反対する者を、「馬賊」「海賊」「蕃人」（野蛮人）と見て「討伐」することを正当な公務と考えていたということである。第二次世界大戦中の戦争・戦場で、軍人・兵士だけでなく、民間人までを殺傷した理由と意味を知るのである。

このような「戦地」「戦闘」「敵」という用語は、戦後、戦時軍事立法の廃止と刑法改正で消滅するが、朝鮮戦争を契機とする再軍備で自衛隊は、「戦闘」「敵」という用語を復活させた。

●陸上自衛隊の「各個戦闘教範」（部外秘）

Aは「背後から襲うには、静かに敵に近づく。銃剣は右手に持ち、左手で素早くあごをつかみ、口をふさぎ、頭を後ろに引き戻して声を立てないようにし、銃剣を肋骨の一番下に深く突き刺して、静かに相手を地面に倒す」

Bは「正面から襲う時は、前と同じように、銃剣を握り、腹部を突き刺してえぐる。もし腹部をねらえない時は、のどを突き刺すか、顔面を切りつけるか、または、銃剣の握り方でこめかみを強打する」

このように憲法と、自衛隊法も規定しない「戦闘」「敵」という用語を「部外秘」としたのは、自衛隊の違憲性と、恐るべき実態を国民の目から隠すためである。これは、官僚の「知能犯的悪知恵」を示しているが、一九九九年に国会が制定した「周辺事態法」は、「戦闘行為」を公然と復活させた。

●周辺事態法

第三条の二　後方地域捜索救助活動　周辺事態において行われた戦闘行為（国際的な武力紛争の一環と

して行われる人を殺傷し又は物を破壊する行為をいう。以下同じ。）によって遭難した戦闘参加者について、その捜索又は救助を行う活動（救助した者の輸送を含む。）であって、後方地域において我が国が実施するものをいう。

同法に定める、人を殺傷し物を破壊する「戦闘行為」を行うのは米軍であって、自衛隊ではない。さらに自衛隊、自治体公務員、民間人の協力について、それを強制する罰則はない。罰則を定めるのは憲法違反として、許されないからである。このことは、戦後における法改正からして当然である。

憲法の平和主義による法律の改正

では、第九条を含む日本国憲法の制定によって、どのような法改正が行われたか、つぎに見ることにする。

(1) 刑法改正——敵国・戦時同盟国条項の削除

戦前の軍機保護法や刑法では、敵国・戦時同盟国と関連してスパイ罪を定めていたが、戦後の法改正では、これらをすべて削除した。そして外国間の交戦時、局外中立命令違反罪（第九四条）を残している。このような刑法改正は、憲法前文の原理と精神に基づくもので、外国人を差別・敵視せず、平和を愛する隣人、友人としてつき合うべきことを教えている。

(2) 旧軍港都市転換法

旧軍港都市転換法は、朝鮮戦争勃発直後の一九五〇年六月二七日に制定され、横須賀、呉、佐世保、舞鶴の旧四軍港都市に適用した。

第一条　この法律は、旧軍港都市を平和産業並びに港湾都市に転換し……日本再建に導入するものとする。

第八条　市長は住民の協力及び関係諸機関の援助により、旧軍港都市転換事業を完成することにつき、不断の活動をしなければならない。各市の住民は、市長の活動に協力する義務を負うものとする。

この法改正について、当時の自由党・岡議員は、賛成意見を次のように述べていた。

「旧軍港のばく大なる施設は……これが全面的に使用されない理由は、連合各国が、この旧軍港施設を戦争目的にわが国が使用するおそれありとの危惧の念を抱いているからであります。されば旧軍港都市は、ここに一八〇度の転換をもって、一切戦争目的なきことを世界に宣言し、あわせて平和産業都市への転換をなすゆえんを世界に宣言し……本法案の通過によって平和日本建設の大行進のうちに加わる喜びに胸をふるわせておるのでありまして、旧軍港都市百万市民を奮起せしめるカンフル注射の役をなすものである」

(3)　土地収用法の改正

戦前の土地収用法は、国防、軍事、皇室陵墓と神社の営建事業を優先させ、社会事業、教育、学芸など国民生活に必要な事業を後にした。このような軍事優先、民主軽視の土地収用法は、戦後に全面改正を見た。このことは国会における建設省・渋江建設局長の提案理由に示される。

「なお、実質的に事業の種類につきまして若干申し上げますと、従来の規定におきましては、国防、其の他軍事に関する事業、それに皇室陵の建造ないし神社の建設に関する事業が、公益事業の一つとして上がっておりますが、新憲法の下におきましては、当然不適当であると考えられますので、これは廃止することにいたしております」

このような提案理由による改正は、神勅主権を原理とする神権天皇制軍事国家から、国民主権を原理とする民権天皇制非武装平和国への転換を意味するが、このことは、次に見る道路法の改正にも示される。

(4)　道路法の改正

これを見る上で注目したいのは、戦前と戦後における「国道」の規定である。

●道路法（大正八年四月一一日法律第五八号）

第一〇条　国道ノ路線ハ左ノ路線ニ就キ主務大臣之ヲ認定ス

一　東京市ヨリ神宮、府県庁所在地、師団司令部所在地、鎮守府《ちんじゅふ》所在地又ハ枢要ノ開港ニ達スル路線

二　主トシテ軍事ノ目的ヲ有スル路線

「東京市ヨリ神宮」と神宮を第一にかかげた事実に見るように、戦前の国道は神権天皇制軍事国家を示している。これに対して戦後に改正された道路法は、国道について次のように定めている。

●改正道路法

第五条　第三条第二号の一般国道（以下「国道」という）とは、高速自動車国道とあわせて全国的な幹線道路網を構成し、かつ、次の各号の一に該当する道路で、政令でその路線を指定したものをいう。

一　国土を縦断し、横断し、又は循環して、都道府県庁所在地（北海道の支庁所在地を含む）その他政治上、経済上又は文化上特に重要な都市（以下「重要都市」という）を連絡する道路

［二、三　略］

四　港湾法（昭和二五年法律第二一八号）第四二条第二項に規定する特定重要港湾若しくは同法附則第五項に規定する港湾、重要な飛行場又は国際観光上重要な地と高速自動車国道又は第一号に規定する国道とを連絡する道路

このように旧法第一〇条を改めて、新法は一般国道を、政治上・経済上・文化上・国際観光上重要な道路と規定した。

以上、戦後における法改正を概観した。このような法改正は、天皇制軍国主義の復活を阻止し、諸国民の平和的共存権を保障する連合国の要求と、日本政府と国民の努力と協力により多くの成果をもたらした。与

えられた紙数も残り少なくなったので、その後における平和的共存権をめぐる日米両政府と国民との間の対立と抗争については省略し、平和憲法とその成果についての、外国人の評価と期待を述べておく。

非武装平和憲法に対する世界の評価と期待

第一は、中部アメリカのコスタ・リカにおける憲法とその運用からする第九条についての評価と期待である。同国は、第二次大戦後の一九四九年、常備軍を禁止し警察と特別警備隊を認める憲法を採択した。そして、その後は米ソの冷戦体制下、米国の圧力を受けながらも積極的な非武装中立政策を展開し、隣国のニカラグアやエクアドルの内戦を調停しながら、中米の平和維持に貢献した。その功績によって、アリアス・サンチェス大統領は一九八七年、中南米ではじめてノーベル平和賞を受賞した。九四年来日した同氏は、自衛隊の増強と海外派兵に疑問を提示し、非武装平和憲法にしたがって、貧困・教育・医療・環境などの分野で非軍事的な国際貢献に努力する必要を強調した。（星野「常備軍を禁止したコスタ・リカ憲法」『状況と主体』九三年四月号）

第二は、米国オハイオ大学のオーヴァービー博士による「九条の会」の活動である。同氏は、日本が自衛隊という世界有数の軍隊をもちながら、自衛隊の本務である防衛、治安出動を一度もせず、日本人と外国人の一人も殺さなかったのは、憲法第九条とそれを守ってきた国民の努力によると高く評価する。このことから、憲法第九条を米国と世界に広げる必要を痛感し、日本国民と連帯しながら活動をすすめている。

第三は、韓国の慶北大学・李京柱（イ・キョンジュ）助教授の意見である。同氏は「武力による平和と武力によらない平和との間」という論文（『法律時報』二〇〇〇年五月号）で、大韓民国憲法が侵略戦争の禁止と韓国を防衛する軍隊の任務を定めながら、ベトナム戦争では軍隊を派兵し、四万一千余名のベトナム兵と民間人を殺傷し、韓国軍も五千余名の死傷者を出したのに対して、日本は、ベトナム戦争に出撃する米軍に基地提供などの協力を行ったが、自衛隊のベトナム派兵はしなかったという相違を指摘し、次のように提言する。

「武力による平和と武力によらない平和との間には戦争がある。いまこそ、日本国憲法は、韓国憲法の武力による平和主義の脆弱性を反面教師にして平和憲法としての真価を発揮すべきである。そしてまたアジア平和と国際平和に貢献するためにも、日米安保や自衛隊についての根本的な再検討が必要であると考える」

第四は、一九九一年六月二九日に公表された「統一ドイツ憲法草案」である。これは、九〇年に実現した東西両ドイツの統一後、市民の手による草案だが、前文では「ドイツの暴力支配の犠牲に対する特別の義務を心に刻み」といい、現行基本法第二六条の改正を次のように提案する。

●現行基本法　第二六条（侵略戦争の禁止）

諸国民の平和的共同生活を妨げ、特に侵略戦争の遂行を準備するのに役立ち、かつそのような意図をもってなされる行為は、違憲である。このような行為は処罰される。

戦争遂行用の武器は、連邦政府の許可を得てのみ、製造・運搬・商取引が許される。詳細は連邦法で定める。

●改正案　第二六条（平和国家）

国は世界平和に奉仕し、戦争を防止し、軍事力を今後不要とする諸民族の平和な共同生活をめざさなければならない。国は軍縮の義務を負い、国際的な軍縮措置に基づいて軍縮を実行・検証し有効に管理することのできる国際法的協定に参加する。軍事的対立の原因に対しては事前に対処されねばならない。

核・生物・化学兵器及びその他の大量殺戮手段の製造・貯蔵・輸送・配備・使用は禁止される。それらの立案・開発並びにそのための研究及び技術は排除される。

このように、改正案は第二六条の規定を「侵略戦争の禁止」から「平和国家」に改め、軍縮の義務、大量殺戮兵器の製造・貯蔵・輸送・配備・使用の禁止を定め、非戦・非武装による諸国民の平和的共存権の完全実施をめざしている。(星野「憲法の未来のために」『状況と主体』九三年一二月号)

若い世代が発展させる憲法の未来像

以上、平和憲法とその成果に対する外国人の評価と期待を見た。このような評価と期待にどのように応えるかを見る上で注目したいのは、山梨県立都留文科大学学生の手による憲法改正案である。くわしくは『法学セミナー』九四年六月号をお読みいただくとして、その特徴は次のようだという。

天皇制については、八人のうち五人が廃止し、三人が維持した(うち一人の構想は、一〇年ごとの国民投票によって天皇制の根拠たる国民の意思を確認する、過半数に達しないときには廃止する)。軍事力・安全保障については、①完全な非武装、②完全な非武装+外国軍隊の駐留の禁止、③必要最小限の軍事力の保持+非軍事の国際平和協力隊の設立、④防衛費をGNP〇・五%以内とする、⑤一種の民兵制度の採用、などである。

八つの案の中でとくに注目したいのは、君島東彦助教授により、第一回植木枝盛賞を受賞した伊藤孝氏案であり、重要部分を紹介する。

「『日本民主主義連邦共和国憲法草案』(全文は前掲誌)

前文は、侵略戦争に対する謝罪の責任、個人の自由と尊厳、自由・平等・博愛にもとづき、組織や多数者によって抑圧されている少数者の解放などについて九〇〇字近くを使っている。

第八章　連邦構成共和国

第九七条　日本民主主義連邦共和国は、憲法前文及び第一条に基づき、以下の連邦構成共和国より構成される。(一六共和国)

第一〇一条　アイヌウタリ及び琉球共和国の主権と、アイヌ人と琉球人の人権と民族自決権。

第一四章　国旗、国歌、国章及び首都

第一二四条　①国旗、内容略、②国歌、国民から公募、③国章、内容略。

第一二五条　日本民主主義連邦共和国の首都は、三分割される。正式の首都は京都であり、政治活動の首都は東京であり、経済活動の首都は大阪である。」

二一世紀の未来を展望する若者の草案で、読売新聞社による復古的改憲案とは基本的に相違する。先に示した「統一ドイツ憲法草案」と学生による草案に学びながら、前進する必要を痛感する。

◆第Ⅱ部

世界史をつらぬく戦争の制限・戦争の放棄の理念と国際法の流れ

森田俊男

はじめに　戦争の制限・戦争の放棄の理念と国際法を学び引き継ぐ

ここでの課題は、戦争を《勝つためには何をしてもよい（されてもしかたがない）もの》から、《何らかの制限をうけるもの》へと、転換を促す（王侯・元首、将軍たちの手を縛る）、その理念と国際法、さらに戦争を《国際的に「非」なるもの・犯罪》とし、放棄を促す、その理念と国際法・国際平和機構について学ぶことだ。

「征服を目的とする戦争」と内外の「人民の自由」を侵害する武力行使・威嚇はしない（フランス　一八四

八年憲法）、また戦場の傷病軍人は「その国籍と関係なく」看護される（一八六四年 第一回赤十字条約）などに始まるものを学ばせ、とくに若者に、戦争の準備・戦争への移行・戦争そのものの展開・終結のすべての段階で、適確に批判的に対応できる、生きて役立つ知識・価値観・行動様式として引き継がせる、ということである。ひとくちで、平和・非暴力の理念とその国際法の教育と言ってみよう。もちろん、「生きて役立つ」とは、眼前に、《戦前》といってよい事態があるからだ（小著『平和の文化を育てよう―新しい《戦前》に立って―』平和文化　によられたい）。

戦争は人間の本性・本能ではないのか

ところで、平和・非暴力の理念とその国際法・国際平和機構の教育という課題を前にして、最初に直面する深刻な事態は、多くの若者が、こう考えていることだ。

〝人類は、その歴史の最初から戦争を行ってきた〟あるいは〝戦争・暴力は動物としての人間の本性に刻まれている。戦争・暴力の放棄はできない〟

わたしたちは、生物や歴史、公民や倫理の教育を通して、もっと科学的な歴史観を身につけ、もっと楽観的な人間観に立つよう励まさねばならない。例えば、日本史の教育を通して、次のように――。

最近の考古学・歴史学の成果を学習させ、地域にある遺跡・発掘現場・資料館を踏査・見学させながら、いま日本列島と呼ばれる、花ずなのように連なる列島の中央部において戦争の発生は二四〇〇年前であったこと（武器としての弓矢・石鏃、集落の周りにめぐらされた濠、逆茂木、高地性集落など）。だが、列島の北方の島々（こんにちの北海道・千島・サハリン）のアイヌ社会では、一五世紀半ばの日本封建武士団の武力進出と抑圧・収奪に対する抵抗（コシャマイン戦争）が最初の戦争であり、それまでもそれ以後も同族の間での戦争はない、つまり原生的民主主義の平和を維持した、と見られること。一方、列島南部のいまの琉球諸島では、一四世紀以降の、とくに一五世紀初めの三山《さんざん》（北山・中山・南山と呼ばれる部族連合・国）の間の抗争と中山による統合の戦争が記録されている。この花ずな列島の数万年もの長い人類社会史のなかで戦争はごくごく最近のことであるし、なによりも人々は、自然の厳しさに知恵深く対応し、その神を祀り、豊かな縄文の文化を創り、しかも諸地域集団は広い範囲で交流・交換しあい、なお相互に財貨・人（奴隷として）を奪い合う戦争はなかったのだ、と（佐原　真『日本人の誕生』小学館、国立歴史民俗博物館・共同研究『人類にとって戦いとは』第一巻　東洋書林　を参照されたい）。

原始社会において人間性をとらえること

とくに、わたしたちの課題にとって重要なことは、考古学、民族学、社会人類学などの成果に立って、狩猟採集社会と呼ばれる、この列島でいえば、旧石器時代から縄文時代の、まだ階級や身分の生まれる前の歴史の長い長い段階における、血縁により統合された生活集団（家族・数家族のバンド）とその地域的なゆるやかな結集（部族集団）のもとで、人はいかに暮らしをたててきたのか、その狩猟・漁労・採集・植物栽培――イルカ漁、祭祀のための巨木の伐採・運搬・建立には何十人、何百人もの人々の共同が求められる――について学ばせるなかで、それを支えた、人々の間の和合、両性間の平等、弱者への配慮、指揮する人と指揮される人との間の信頼、長老への尊敬、異なる集団の間の相互依存、自然への畏敬と共存、そして死者への畏敬などなどの価値観・態度について考察させることだ。もちろん、そこにもあった個々人の非行（他者の殺傷、自然の破壊など）とそれへの社会的制裁・秩序の保持（例えば、親族による復讐、関係者の間の謝罪・和解・贈物による解決など）についても――（勅使河原　彰『縄文文化』新日本出版社、栗本英世『未開の戦争、現代の戦争』岩波書店、フリードリヒ・エンゲルス『家族・私有財産・国家の起源』土屋保男訳　新日本出版社　を参照されたい)。

なぜなら、こんにち戦争の方法・手段を制限し制約する理念として、さらに戦争そのものを違法・犯罪として放棄しようとするときの理念として、何げなく使っている人間性や人みな同胞の感覚、また人道、あるいは人道主義（humanitarianism）を人間の歴史に立って、人間そのものの本質としてしっかりと理解させねばならない、と考えるからだ。

一六世紀の初頭に生まれ、その九〇年に亡くなった、フランスの外科医師アンブロワーズ・パレ――その世紀の幾多の戦争・内戦に軍医として従軍し、新教徒と旧教徒、身分の貴賎を問わず、傷つき苦しむ者すべてを治療し、またその戦争の惨禍を冷静に綴る報告書で戦争そのものを批判した。第一次世界大戦時のフランスで〝一六世紀のアンリ・バルビュス〟と呼ばれた（バルビュスは作家で、世界に反戦を呼びかけた。日本でも小牧近江ら『種蒔く人』同人が受け止め、シベリア出兵反対の運動へ）――は、こう言っている。

人間は、自分だけのためにも自分の利益だけのためにも、生まれてきたわけではないのであり、自然は、同胞を愛し、さまざまなことがらで、同胞を助けてやるような本能、本然の傾向を人間に与えた。

われわれはいま、この人間の「本然の傾向」、人道を自らの価値観・態度としていくよう、子どもたちの学習と社会活動・意見表明（なによりも眼前の日本と世界各地の戦火、貧困、災害の中に生きる子どもたちの切実な声をうけとめ行動すること）を支え、励ましていかねばならないのだ。理念と切りはなしての法知識の教育になってはならないのだ（パレについては、渡辺一夫『フランス・ルネサンスの人々』岩波書店　によられたい）。

古代専制国家の戦争の惨禍のなかで

さて、近代以降の戦争の手段・方法の制限と戦争の違法化・放棄の理念とその国際法、平和のための国際機構を学ぶに当たり、それ以前の、歴史の諸段階でのそれらの思想と法について触れておく必要があろう。まず、世界各地で、古代的専制国家が成立していく。そこでの平和・非暴力への願い、思想について――。古代インドにおいて、ヒンドゥー教の戒律、というか生活指導書『マヌ法典』（二〇〇年ころまでに成立）には、禁止される戦争手段として毒物の使用、負傷者や捕虜の殺害があげられている（信夫淳平『戦時国際法』第一巻　丸善）。

紀元前四世紀、中国の学者にして政治家老子は、〝宮廷は美しいのに民の田は荒れ、倉庫は空っぽ。戦争では多くの人を殺す。よって、「兵（軍備）は不祥の器（最も忌むべきもの）。聡明なもの（王侯）はそれに拠《よ》らない（放棄する）」〟と、非暴力の国家を論じている。近代のロシアの文豪、非暴力主義を説きつづけたトルストイをして感動させた言葉だ（トルストイ『文読む月日』北御門二郎訳　地の塩書房）。これらの人は世界史Bに登場する。

さらに、いまの中近東の、紀元前一千年前後、新しいもので紀元後百数十年頃に成立したとされる旧約・新約聖書を構成する数十の文書がある。古代エジプト、シリア、パレスチナ、メソポタミアなどで社会の下積みで苦労しながら生きてきたヘブライ人の、精神の苦闘を示すものであるが、当然のこと、いかにして戦争のない世の中、国と国の関係を創るか、が大きな課題として啓示・予言されていく。第Ⅰ部でも紹介されているが、よく知られた次のことば――

ヤハウェは国々の間を審《さば》き、多くの民の仲裁に立たれる。
かくて彼らはその剣を鋤《すき》に打ち変え、その槍を鎌に変える。
国は国に向かって剣を上げず、
戦争のことを再び学ばない。

（イザヤ書二第2章5節　関根正雄訳　岩波書店）

いまはキリスト教徒であるかどうかを越えて、広く、真実の平和を求める世界の人々により、恒久の平和・非暴力の世界秩序へ、の理念・ユートピアを指し示し、そのために何をなすべきかの政治的倫理的責務を暗示するものとして受け止められているものだ。この一節を台座に刻んだ、剣を鋤に鍛え直すべくハンマーを高くふりあげる人物の銅像が、ニューヨークの国連本部の前庭に立っている。その写真は多くの教科書に載っている。どう扱っているのか。

最後に、紀元前六～五世紀に成立するとされる仏教の経典においても、戦争に明け暮れる国々の民衆の、絶望のこころに語りかけ、平和な社会、国と国の関係を築くべくいかに生きるのか、の戒律が説かれ、今日まで引き継がれているのだ。そのひとつ――

生きものをみずから害すべからず。
また他人をして殺さしめてはならぬ。
また、他の人々が殺害するのを容認してはならぬ。
世の中の強剛な、また怯えているすべての生きものに対する武器を蔵めて――。

（諸経要集　中村　元『原始仏教』NHK出版）

ブッダと仏教改革について高校世界史、倫理教科書はみな触れているが、この経典は引用されてはいない。わたしたちは、近代以降の、反戦・非戦の粘り強いたたかいとその中で育まれる理念と国内・国際法を学ぶに当たり、その源泉としての、古代の専制国家のなかで生まれた戦争の手段・方法を制限する考え、とくに諸宗教の教義として引き継がれている戦争の放棄・非暴力の世界へ、という理念を深く理解していくことを忘れてはなるまい。

近代の入り口に立って確かめられること

さて、いまひとつの歴史的段階——中世から近代への入り口——における平和のためのたたかいと思想動向にも十分注目されねばなるまい。とくに、一六世紀ヨーロッパという、内に近代の国民国家形成への胎動を激しくしつつも、繰りかえされる長期の戦争、キリスト教徒どうしの武力行使、大西洋を越えての海外進出・征服戦争などを前に、いかなる理念に立つとき戦争を制約し、さらに戦争を廃棄しうるのか、と苦闘したひとびとのたたかいと思想を学び引き継ぐことである。

ヨーロッパのアルプスの北と南で、国家とは、君主とは何かを問い、さらに戦争と平和について問題を提起する書が刊行され、それぞれ当時の多くの国の知識人、宗教者、政治家、そして君主たちに読まれ、さらに世紀を超えて読み継がれている。北側では、オランダの人で、マルチン・ルターの宗教改革とローマ公教会改革派との間で中立を守り、自由な批判者として、「世界の市民」として生きることを実践したヒューマニスト、デシデリウス・エラスムスの『平和の訴え』（一五一七年）、いまひとつはその友人で、イギリス王ヘンリー八世の大法官で、後にその著作の故に処刑されるトーマス・モアの『社会の最善政体とユートピア新島について』（ラテン語　一五一六年。英訳五一年、『ユートピア』と呼ばれるようになる）である。南側では、イタリアのフィレンツェの外交官ニッコロ・マキアヴェッリの『君主論』（一五三二年）であり、生涯を通し、「征服戦争」は「自然の法、神の法」により許されない、と説き続けた南スペインのセビリアの、ドミニコ会修道士ラス・カサスの『インディアスの破壊についての簡潔な報告』（一五五二年）があげられよう。世界史教科書には大抵登場している人たちだ。エラスムスにふれておこう。

マキアヴェッリが、自分の仕える「偉大な殿下」に献呈して、「君主たる者は、戦争と軍制と軍事訓練のほかには考えてはならない。軍備よりも甘美な生活のほうを重んじたとき、その政体を失う」と率直に提言していたとき、エラスムスは、「平和の神」の名において、こうよびかけていた（『平和の訴え』箕輪三郎訳岩波書店）。

「キリスト教徒の名に誇りをもつすべての人びとよ、こころを合わせ戦争反対に狼煙《のろし》をあげてください。民衆の協力が専制的な権力に対してどこまで抵抗する力があるかを示してください」と。それはこう結ばれている。

すべてがこの（恒久の平和という）目的に向かうよう促しているのですよ。まず第一に自然の感性と、いわば人間性（フーマーニタス）そのものが挙げられますし、さらに続いて、あらゆる人間の幸福の導き手であり創始者であるキリスト。これに加えて、平和のもたらすあの数えきれないほどの利益と戦争のもたらす莫大な災禍とがそうですね。

今の言葉でいえば、第一に、他者を愛することや人みな同胞の世界観、協同などなどの人間性そのもの、第二に、いまやキリスト者であるかどうかを越えて人類すべてのものとなった、暴力が放棄された世界へ、という理念、そして第三に、平和の利益と戦争の災禍についての冷静な分析と判断、それを支える理性、の三つが、わたしたちに恒久の平和という目的に立ち向かうことをうながして止まない。そのことに気づいてほしい、という呼びかけなのだ。

さて、多くの世界史教科書に「国際法の祖」として登場するグロティウスは、一七世紀前半の三〇年戦争に巻き込まれ、投獄と脱出、フランスへの亡命という体験を踏まえて、この戦争には「野蛮人でも（どんなに低い文明の段階にあろうと保持されている人間の本性が――森田）恥とするような戦争に対する抑制の欠如が見られる」と指摘し、「戦争での残虐行為」の抑制の法を論じていく（『戦争と平和の法』一六二五年）。だが、その三〇年戦争の決着・ウェストファリア条約（一六四八年）こそが、中世の秩序――ローマ法王や神聖ローマ帝国によるヨーロッパの秩序――を崩壊させ、やがて近代主権国家とその国際関係を生みだすのだ。そこには、もはや王侯の国家の行う戦争の正・不正を判定する上位者はいない。国際法は、主権国家の行う戦争はすべて合法と認める、いわゆる無差別戦争観になっていくのである。

「人間の本性・自然の法」を再発見し、人権と人道の理念に立って戦争の制約・放棄の法を、という転換は、新しい階級・市民が主人公になっていく一八世紀末のアメリカ独立革命、フランス革命をまたねばならないのである（トーマス・ペイン『人間の権利』西川正身訳　岩波書店　によられたい）。

1　革命の時代の平和思想と法

一八世紀末期から一九世紀前半、世界史は欧米における革命の時代と呼ばれる激動期に入る。イギリスで産業革命が始まり、北アメリカの一三植民地が独立し、アメリカ合衆国を建てる。ついでフランス革命となる。次の世紀に入り、フランスでの産業革命の進展とともに増大する中小ブルジョアジーや労働者の力が、一八四八年のパリ民衆の二月革命となり、王政を倒す。オーストリア、プロイセン、フランクフルトとドイツ語圏での三月革命がドイツ統一へ、と踏み出す。自由主義・民主主義・社会主義の織り成す革命的高揚はさらに東欧各国、オランダ、ベルギー、さらに南米に広がっていった。だが、フランスでのルイ・ナポレオンの第二帝政（五二年）にはじまり、革命の挫折が続く。しかし、その底にある大きな流れは、国民国家の成立と国際関係の再編へ、ということだ。

平和の理念と国際秩序――その法の成立、国際平和機構の構想について

第一に、欧米を中心にした国民国家の成立は、「自然法」としての人民の「生命、自由および幸福の追求」の権利、「暴政」を廃棄する権利（資料1）、「言論の自由、人民の武装する権利、兵士宿泊の拒否」（資料2）、「自由・所有権・安全・圧政への抵抗」の権利（資料3）などの普遍化に向かう。

端的にいって、アメリカの独立（連邦国家の形成）は、独立宣言草案（一七七六年　起草者　トーマス・ジェファーソン）にあるように、国内的には、「議会の同意なしに常備軍を置かない」「軍隊を文民の権力の下におく」「兵士を民家に宿泊させない」など、軍隊の民主的統制の原理の法的確定を求め、国際関係としては、「捕虜に武器をとることを強制してはならない」「黒人の奴隷化は許されない」「外国の軍事支配のもとで人民の分離・独立の権利は保障される」などの国際法の成立を求めるものである（斎藤　真訳『世界大思想全集』

二五巻）。またアメリカを締め出そうとするスペインとはミシシッピー川の、イギリスとはハドソン川の共同利用関係を樹立することであった（A・ハミルトンほか『ザ・フェデラリスト』斎藤 真訳 岩波書店）。

第二に、戦争の制限と戦争の放棄の理念と法が成立していく。革命と独立の複雑な半世紀をへて、「自由・平等・友愛」を原理として再確認したフランス・二月革命（一八四八年）の第二共和政は、「自国民の尊重」を確立したいが故に「外国の国民を尊重」し、征服戦争と自他の人民の自由を抑圧する武力行使はしない、と宣言した（資料4）。また、奴隷解放のための激しい国内戦・南北戦争のただ中、リンカーン大統領の下で、奴隷制の破棄、と同時に、初めて組織的な陸戦の法規、「戦場における合衆国陸軍の管理に関する法」（一八六三年）が制定された（起草者の名をとりリーバー法）。それは、「私人である市民は、もはや殺され、奴隷にされ、遠隔の地につれ去られることはない」、「捕虜は故意に虐待され、報復を受けない」、これらの違反は罪として罰せられる、「戦闘能力を失ったものを殺すもの、殺すよう命令したものは死刑」などなどを規定した（信夫淳平著 前掲書、藤田久一『戦争犯罪とは何か』岩波書店 によられたい）。この征服戦争の放棄（戦力の放棄ではない）と人権・人道の理念によって戦争を制約する法は、それ以降の国際法の形成・発展に引き継がれていくのである。

第三に、君主たちの勝手な戦争と講和条約——つかの間の平和——という国家関係をなんとしても真の平和的国際関係に、と構想することが始まる。フランスの聖職者サン・ピエールの、王たちの署名する「国家総連合」で平和を、という『永久平和論』（一七五九年）、それを〝子供っぽい〟と批判しつつ、その実現のためには「人民の手に主権を」と主張し、共和制の小国家連合による戦争からの解放を提起するジャン・ジャック・ルソーの『サン・ピエールの永久平和論抜粋』（一七八二年）、そしてそれらを受け止めての、ドイツの老哲学者イマヌエル・カントの『永遠平和のために』（資料5）が続くのだ。一七九五年に刊行されている。

カントは、こう提起する。

人類が殲滅《せんめつ》戦争に入らないために、諸国は、まず、「人間性の権利」に立った常備軍の全廃・「民族の権利」に立った他国への干渉の禁止・戦費のための国債発行の禁止など六つの「予備条項」（禁止法則）を合意する。その上で、各国は共和制であること・諸国家の連合に基礎をおく国際法・諸国民の相互訪問と通商を保障する世界市民法、の三つを「確定条項」にして結ばれる国際条約の下で永遠平和は成立する、と。

そして「自然は人間の傾向」、本性を通して「永遠平和を保証する」と述べている。

七二歳のカントは、目の前のバーゼル平和条約の欺瞞性（ライン川左岸ドイツ領土のフランスへの譲渡など秘密条項が含まれていた）を根底から批判するためこの構想をまとめた。極めて実践的なものであった。

これは、欧米各国の政治家・学者たちにうけとめられていく。ここでは、四〇数年のち、アメリカの思想家・詩人ラルフ・ウォルト・エマーソンが、独立宣言の精神に背いて、政府が軍隊の力で周辺への国土拡張、解放を求める黒人への抑圧、先住民族の土地略取・強制移住を行うことに抗議し、一八三八年、非暴力による平和と自決、国際平和機構を結びつけて、国家のありかたを提起したことをあげておこう（資料6）。博物学者・詩人ヘンリー・ダヴィド・ソローなど多くのアメリカの非戦・平和の良心に引き継がれていく。

ここで、カントの国家連合構想の実現を支える二つの動向を見ておこう。ひとつは、国家間の共通利益のための国際協定と国際会議・事務局がじょじょに形成されていく、ということだ。一八一四年には、国際河川委員会（ライン川の航行の確保）、一八六三年に国際郵便委員会、六五年に万国電信連合などと続くものである。こんにち国連の機関に引き継がれている。

いまひとつは、国際平和とその会議・機構を監視し、支える諸国民の平和のたたかい、こんにちの非政府系組織が形成されていくことだ。一八一二年の米英戦争が一四年に終結する、その翌一五年にアメリカで、一六年にイギリスで、ともにクエーカー各派の信仰者を中心に平和協会が生まれ、やがて各国に広がる。四三年には第一回国際会議（ロンドン）を開くに至る。普段の活動で、絶対的平和主義に立ち、子どもの平和的態度・行為の育成に取り組み、青年に兵役の拒否を励まし、やがて平和のための国際会議に具体的提言（非人道的兵器の禁止、仲裁制度など）を行うようになる。また、スイス人アンリ・デュナンによる戦場における悲惨な傷病者の救援活動と国際的呼びかけ（一八五九年）は、いちはやく国際委員会の設立となる（六三年）。後の赤十字国際委員会である。くわしくは次の節で見ていこう。

近代の日本において

さて、こうした一七世紀末から一八世紀前半、革命の時代の平和思想と国際法の動向は、日本の明治維新と内戦の中で、次いで自由民権の運動にどう受け止められていくのか。

まず、維新動乱の中で、坂本龍馬が〝短銃より万国公法〟と叫んだとされる。幕臣・西周《あまね》は、その訳書『万国公法』（一八六八年刊）で当時の戦時国際法を伝えていた。新政府の側はどうだったのか。軍務長官大村益次郎が維新戦争の戦傷病者の治療のため西洋医を求めたとき、各国の外交官は、「日本は野蛮で医者に対して陣中の局外中立が保たれぬ（保障されぬ―森田）から危険だ」と判断し、「応ずる人がな」かった、と記録されている（後の軍医総監石黒忠悳『懐旧九十年』岩波書店）。駐日イギリス公使館医師ウィリアム・ウリースは従軍した会津戦争で、会津兵の捕虜、戦傷者がないのをいぶかっている。事実は、新政府軍が会津兵を朝敵・賊とみて、負傷者を救護せず、捕らえたものを罵倒し、自決に追い込んでいたのだ（中村彰彦『二つの山河』文芸春秋）。その点で、会津側も、女性・少年に武器をとらせ、自決に追い込んでいる。双方に、人道の理念と〝戦争が終わればともに市民〟という人権の認識が弱く、それらを理念とする戦争法規の理解は無かったのだ。ただ、函館戦争では榎本武揚の下で、フランス医学を学んできたばかりの医師高松凌雲により敵味方、階級、国籍の別なく治療が行われている（吉村 昭『夜明けの雷鳴 医師高松凌雲』文芸春秋）。その市民的自覚と法の確立を求める自由民権運動の理論家たちは、当然、九〇年遅れではあるが、独立宣言や人権宣言を学び、サン・ピエール、ルソー、カントの世界平和論や国際法を学んでいく。

植木枝盛は、日本国憲法の源泉ともされる民主的憲法草案をまとめ、アジアに生き抜く小邦日本の立場で国際平和機構論『無上政法論』をまとめる（一八八〇年）。フランス法学を学ぶ中江兆民は、民主と非暴力（軍隊放棄）抵抗の小国日本論と「民主制のすべての国家の世界連邦」による平和を説く『三酔人経綸問答』（一八八七年）を出し、また欧米平和協会と連なる日本平和協会の創設（一八九二年）に参加する文学者北村透谷は、機関誌『平和』に良心的戦争拒否、国際仲裁制、世界連邦を論じ、非戦・反戦のための宗教宗派を越えた連帯を呼びかけた。これらこそ、こんにちの日本における国際平和と戦争放棄、軍備放棄――非暴力抵抗による独立と自由の擁護――の理念の直接の源泉にほかならない（小著編『増補版 人類の良心 平和の思想』、なお小国主義について同『国連学習のために―非暴力の新しい国際秩序を―』平和文化、田中彰『小国主義』岩波書店 によられたい）。

2 ヨーロッパのアジア・アフリカ進出と帝国主義の時代

――平和と人権・人道の理念と国際法の形成

一九世紀の半ば以降、世界は帝国主義の時代に入る。イギリスを先頭に欧米各国は、高度の科学技術にささえられて、鉄鋼・化学・石油・電気などの重化学工業を発達させ、さらに新しい冶金、化学合成による樹脂（プラスティック）・繊維・染料工業を生む。企業は大規模化し、他方で兵器・艦艇などの軍需生産を強大なものにしていく。七〇年代半ばから、金融資本と結合した巨大な企業・独占資本を形成しつつ、イギリス、フランスなどを先頭に、海外進出、市場の拡張と植民地化を強化していく。後発の資本主義国ドイツ、アメリカ、それに日本が続くのだ。とくにアフリカ大陸は激しい植民地争奪の舞台になる。

この軍国主義と帝国主義の政治と思想との対決・戦いを通して、資本主義諸国に平和と国際連帯を求める新しい社会勢力――労働者階級と社会主義政党――が生まれる。その国際組織、第二インターナショナル（一八八九年結成）の第二回大会（九一年）が、「戦争反対決議」を上げる。また第1節で述べておいたように、欧米各国の宗教者や知識人などの平和協会の運動や各国議会議員（連合）の平和の努力なども国際会議を重ね、平和のための国際連帯が準備されていく。

と同時に、植民地諸国人民の独立を求める不屈のたたかいが始まる。インドにおけるインド国民会議の結成（八五年）、ベトナムにおけるフランス支配脱却のための東遊（日本への留学）運動、スペイン支配下でのフィリピン独立運動（ホセ・リサール　九八年独立宣言。だがアメリカの下で苦境に）、インドネシアの独立を求めるイスラム同盟結成（一九一一年）、朝鮮における抗日義兵闘争などなどである。

戦争の制約、戦争の放棄の理念と国際法の成立、国際機構論について

第一に、国際赤十字運動と赤十字条約の成立である。欧米の「文明」国の間の苛烈な戦争、とくに英仏の支援を受けるトルコとロシアの間のクリミア戦争（一八五三〜五六年）では六〇万人が戦病死した。ナイチ

ンゲールは看護婦隊を組織し、戦場に放置されるイギリス軍の負傷者を収容し、合理的看護法の確立に取り組み、注目された。

また、ナポレオン三世軍との連合でオーストリア軍に勝利したサルディニア王によるイタリア統一戦争（五九年）も残酷な戦争であった。山野に放置された兵士たちの惨状を見た、スイスの青年実業家アンリ・デュナンは、六二年、傷病兵の救護のための国際的原則の確立を提起した（『ソルフェリーノの思い出』木内利三郎訳　白水社）。作家ヴィクトル・ユーゴなど各国の人々の賛同があり、早くも六四年、スイス政府の招聘による会議で「戦場における軍隊中の負傷軍人の状態改善に関するジュネーブ条約」がヨーロッパの一二カ国により採択された（資料1）。野戦病院を「局外中立」とし（第一条）、「国籍のいかんを問わず看護」する（第六条）などである。七〇年の普仏戦争を機にヨーロッパ以外の国の加盟が広がった（野村健二『捕虜の虐待と優遇』平和文化）。

第二に、残酷な戦争手段・兵器の使用を規制する法の展開である。古くからの毒槍、井戸への毒の投入などの禁止に始まるが、近代兵器については、ロシア皇帝の発意で合意されたセント・ペテルスブルグ宣言（一八六八年）が最初である。前文に「人道の法則」が掲げられた（資料2）。そして、この理念に基づく戦争の方法・手段の法典化・条約化のいくつかの努力を経て、一八九九年のハーグ世界平和会議、一九〇七年の第二回会議になる。

人道の名による兵器の制限・戦争の制約については、第一回会議が、「投射物及び爆発物を投下することの禁止」宣言、「窒息性・有毒性ガス」の「使用禁止」宣言（資料3）、「体内に入り開展し偏平となる弾丸（ダムダム弾）の使用の禁止」宣言（資料4）の三宣言を採択した。なお、ダムダムとはインドの地名である。一八九〇年代、イギリス植民地当局はこの地の兵器庫で猛獣狩り銃弾として製造した、とされているが、抵抗するインド山岳部族を制圧する兵器として使ったのだ。やがて、武器商人の手で世界中に広がっていく。先が裂けて偏平になる弾は貫通せず、無残な傷口をなし、体内で止まり、鉛の毒が死に導いた。

第三に、戦争の方法・手段についての法典化・条約化が進む。第一回ハーグ会議（二六カ国参加）と第二回会議（四四カ国参加）が、「陸戦の法規・慣例に関する条約」と「付属規則」（資料5）を採択した。こんにちも戦争（を規制する）法として生きている。その前文は、「人民、交戦者」が「文明国の間にある慣習、人道の法則、公共良心が要求する国際法の原則」の「保護及び支配」の下に立つべきことを宣し、「規則」の違反に「交戦当事者」＝国の「賠償」責任と軍の「人員の一切の行為」への責任（第三条）を定めた。「規則」は、降伏者の殺傷を禁止し（第二三条）、占領地での「私有財産の没収」を禁止（第四六条）した。アジア・太平洋戦争での、日本軍の毒ガス使用、南京大虐殺、従軍慰安婦＝軍管理性奴隷、他方のアメリカ軍の原爆投下、占領下の沖縄での土地没収・基地化などは、この法により、国としての責任（謝罪・返還・犠牲者個人への賠償など）が問われている。

この時代、欧米各国、日本は、つぎつぎと植民地争奪の侵略戦争を重ねていた。ハーグ会議は、「真のかつ恒久的平和」のため（第一回会議）と言いながら、「軍備の制限」などでの合意はまったく成立せず、日清戦争、日露戦争がいずれも戦争宣言前に海戦により開始された事実を踏まえ、「開戦に関する条約」を成立させ、国際紛争平和的処理条約を成立させただけである（第二回会議）。恒久の平和のための諸国家の協議機構・連合への構想は出されてこない。

第四に、非暴力の思想、つまり、軍備の否認・放棄、つまりは非暴力の抵抗・抗議・不服従による反戦・平和、自由と民族の独立の擁護という思想と行動についてふれねばならない。近代国民国家の成立は、地域的・封建的武力を「一つの武力」、あるいは国民（義務兵役）軍を生み、その文民統制の思想・制度を生みだす。だが、その国家は、植民地や支配圏の拡張のため、とくにアメリカでは奴隷制の維持と、先住民族制圧（土地の占取・強制移住）のため武力行使・戦争を重ねる。それに抗議するエマーソンを引き継ぎ、一〇年のち、D・ソローは、対メキシコ戦争と黒人やインディアン抑圧のための武力行使に抗議し、非暴力市民的抵抗による自由の国を、と納税拒否の行動（投獄された）をよびかけた（資料6）。なお、エマーソンとソローに学ぶ、博物学者・自然保護運動家ジョン・ミューアは、暴力を否認、南北戦争への参加・兵役を拒否し、カナダ国境地帯の自然探査に出ていく（加藤則芳『森の聖者 自然保護の父 ジョン・ミューア』山と渓谷社）。

そして一九〇三年、黒人の社会学者W・E・B・デュボイスの『黒人のたましい』（木島 始ほか訳 岩波書店）が刊行される。

〝奴隷解放宣言から、「一〇年、二〇年、四〇年と、年月は過ぎた。……にもかかわらず、あの浅黒い亡霊が、もとの座に座りつづけている」相継ぐ黒人への残忍な差別、リンチ、容赦ない武力弾圧は終わらない。いまこそ、「あらゆる洗練された平和的な方法」での解放のたたかいへ〟と黒人運動の根底的転換を指し示した（資料7）。これらの人々の思想と行動こそが、ガンディーに、そしてキング牧師に引き継がれた。こんにちの非暴力の哲学・歴史・方法の源泉である。さらに後の章で見ていこう。

日本において

この時代、日本は、天皇を神聖不可侵の国家元首とする大日本帝国憲法を公布し（八九年）、「富国強兵」「脱亜入欧」政策を展開する。早々と、八六年には赤十字条約に加盟した。ちなみに、翌年の第四回赤十字国際会議（ドイツ・バーデン）には、軍医監石黒と少将乃木希典ほかが政府委員として参加する。議題として、「条約のなかにある、病傷者を彼我の別なく救療する」の明文は欧米以外の国（非キリスト教国の意）にも適用すべきか、があった。石黒は、「アジアからこうして参加している。心外である」と、「憤然起《た》って、ドイツ語精通の森林太郎君を通訳とし」、「赤十字事業なるものには、地理的もしくは人種的差別」はあってはならない。これを議題とするなら退場する、と抗議している。議題は撤回された（前出書『懐旧九十年』）。

ともあれ、わが帝国の指導者たちは、戦争の度に「文明国」として人道に基づく国際法を順守する、と言いつつ（日清、日露戦争の宣戦の勅語）、同時にアメリカと取引し（ハワイ王国、フィリピン支配の容認）、イギリスと軍事同盟を結んで、植民地拡張の戦争と収奪・支配に乗りだし、非人道的行為を重ねていくのである。

二度のハーグ会議の間に、一九〇一年、政治学者安倍磯雄ほかの手で結成された社会民主党は、その宣言で「全世界に平和主義の勝利を」と展望を述べ、「軍備全廃」「人類は皆同胞たり」の理念の促進などを提起した。政府は即日禁止。その結成に参加した社会主義者幸徳秋水は、ハーグ会議を「盗賊の宴会」と断じながら（『二〇世紀の怪物　帝国主義』一九〇一年）、軍備撤廃に踏み込まなかったことを批判している。そして日露戦争を前に、「平民社」を起こし、「博愛の道」にたち「軍備全廃」を、と宣言を発し、戦争に反対していく。共に日露戦争に反対するキリスト者内村鑑三は、第一回ハーグ会議を「開かしむるまでに至った」民間の力として欧米の平和協会に注目し、その「軍備全廃、戦争絶対的廃止」の運動を日本にも、といい（一九〇二年）、後に秋水と袂を分かち、議会主義の道を唱導する田添鉄二は、その未完の平和論で、日露戦争が「朝鮮民族の自由、独立、幸福、生命、財産」を「蹂躙略奪」していることを批判しつつ、こんご真に世界平和を実現するものは「勃興する世界の労働者階級・社会民主主義の力」であり、同時に、「世界平和協会や世界議院連合などの平和運動の力であろう」、と二つを区別しつつ、結びつけて、運動の展望を示す（雑誌『新紀元』連載（九回）「世界平和の進化」一九〇六年）。また、田添は、第二回ハーグ会議を前に、「真に平和を求め、努力する労働者団体の代表」を参加させない会議では「ついに喜劇」に終わろう。だが、お互いに「燃ゆるが如き敵愾心を抱く権力者」たちをしてこの会議を開かしめるのは、「満潮の如き人心の平和への渇仰」である。その点で会議は「現代の文明に一大警鐘を鳴らすもの」となろう。「今日以後、世界平和の創造者、人類統一の主体は、決して権力階級ではなく、こんにちまで戦争の弾丸とされてきた平民階級であろう」「平和と協同と博愛」を掲げ、「国際的偏見を超えて握手」しあい、「人類の統一」に向かおう、とその歴史的意義を指摘した。

ハーグ会議をめぐってのこれらの視点こそが学ばれねばなるまい（これらについて小著編『人類の良心 平和の思想』平和文化 によられたい）。

なお、一九〇四年から国定教科書制度になるが、その直前の検定制の小学校修身教科書にナイチンゲールと赤十字条約の精神が「博愛」として記述されている。さらに、一九一〇年の高等小学修身書に「国交」という課目が登場し、「列国の和親往来」、戦争時には赤十字条約により「人道」を守るべきこと、外国人との交際と「国民の責任」が書き込まれていく。「文明国」として博愛・人道とその国際法の教育がはじまったのだ。

だが、天皇の軍隊と学校における教育の原理は、軍人勅諭（八二年）、教育勅語（九〇年）である。前者は、天皇への「忠節」と「命をこう毛よりも軽し」とする精神をたたき込み、後者でも、すべての道徳を「義勇公に奉」ずる、つまり天皇への忠誠に収斂させて教え込んでいく。こうした国家観はアジア諸国民への優越意識と蔑視にみちびかないではおかない。軍部も日清戦争では〝敵の捕虜は大事にせよ〟と言いながら、日本兵には、捕虜となるより「潔く死を選べ」（山県有朋第一軍司令官訓示）という訓示を出し、日露戦争でも、ハーグ条約に基づく捕虜の扱いを強調しつつも、「捕虜となることを恥とする日本兵はロシアの捕虜を軽侮する」という事態を前に、捕虜への虐待・暴行などで「国際上の物議を惹起」させるな、と訓示が出されていく（寺内正毅陸軍大臣）。人道に基き敵方の捕虜を大事にし、捕虜となることを恥とするな、と兵士に教えよ、というのではない（前出『捕虜の虐待と優遇』）。

人権・人道と良心の自覚に立つ戦争の制約・戦争の放棄の理念、平和的な国家としてアジア・世界の政治に参加する、といった構想――たたかいは、次の時代をまたねばならない。

なお、現行の教科書でナイチンゲールを赤十字社（設立）運動の「きっかけ」をつくった人と記述しているものがある（例えば、山川出版社『現代の世界史』）。明治政府の検定教科書「修身」の扱いを引き継ぐものだ。彼女は、赤十字社という民間団体とその国際組織、局外中立などの原則には反対していた。

3　第一次世界大戦の惨禍――戦争違法化の時代へ

――国際連盟規約と不戦条約

帝国主義の時代は、二〇世紀に入る。欧米の皇帝・大統領たちは、自らの呼びかけで開いた二度のハーグ会議でせっかく合意した、人道と良心を踏まえて戦争の惨禍を減らそうという、毒ガス使用禁止など三つの宣言、捕虜・非戦闘員の保護・非防守都市の攻撃禁止などの戦争法規慣例（ハーグ法）、そして国際仲裁制度のすべてを投げ捨て、二つのブロックに分かれ、国土を裂きあい、植民地を奪い合う戦争を続けた。そして、ドイツ・オーストリアの同盟国とフランス・イギリス・ロシア・日本など連合国との世界大戦（一九一四～一八年）になだれこんだ。毒ガス・戦車・航空機などの兵器が開発され、多くの犠牲者をだす。ドイツの無制限潜水艦戦を機にアメリカも参戦した。だが、ヨーロッパ戦線は膠着し、決着はつかない。戦争の長期化とともに肉親の死、戦費増税、食糧難などに苦しむ各国で民衆の厭戦気分が広がり、士気の低下、反戦運動が高まる。それとともに各国政府・軍は、人権や人道の理念、国際法を無視し、放棄していく。

例えばイギリスも、ドイツに対抗し早くから毒ガスを使っている。若い将校として従軍した詩人で作家のロバート・グレーブスは、その戦争記録文学で膠着したフランス戦線での英軍の毒ガス攻撃とドイツ軍の催涙弾による反撃、負傷者と担架がひしめきあい、死体の散乱する塹壕など、戦争の実相を淡々と描いている。E・M・レマルク『西部戦線異状なし』と並ぶ名作とされる。また、そのなかでこう書いている。

一七年になると陸軍省は「一九一四年度歩兵訓練要諦」を改訂する。一四年度要諦には、「兵の究極の目標は敵軍の戦闘力を失わしめることにあり」と「品よく書かれていた」(この言葉こそ五〇年前のサント・ペテルブルグ宣言のもの――森田)。だが、「陸軍省はこの表現では消耗戦には向かないと判断した」のだ、憎悪・敵愾心をかき立てることが強調された。新要諦でやる気のない初年兵の訓練に当たる将校は、「身の毛もよだつにた笑い」で、蛮声をはり上げ、「人形に突進する兵士に、やっつけろ！　腹をついてはらわたを引きずり出せ！　銃床で敵の股ぐらを突き上げろ！　それじゃ、ドイツ野郎を撫で、さすってるじゃねえか。噛みつけ！　心臓に食らいつけ！」と怒鳴りつけ始めた。さらに、軍の内外で良心的兵役拒否とその支援行動が出はじめているが、「彼らに対する新たな迫害が起こっている。一部の良心的兵役拒否者はフランス戦線に送られ、死刑を宣告された」「軍国主義に反対する何千という活動家たちは、人の命を奪うことを拒んだだけの理由で、獄中につながれている」と。グレーブスは、「これらの人々は釈放されねばならない」と書いている(『さらば古きものよ』下　工藤政司訳　岩波書店)。

厭戦と反戦の広がり、それへの弾圧は、もっとも専制的な皇帝ニコライ二世のロシアで革命になり(一七年三月、旧暦で「二月革命」)、なおも戦争を続ける政権にたいし、「平和とパンと土地」を求める民衆と兵士の要求は高まり、亡命から帰国したヴェ・イ・レーニンのもとで労働者・兵士の代表者会議＝ソビエトが権力を握る社会主義革命となった（「一〇月革命」）。新政権はただちに「布告　平和について」（資料1）を発し、全交戦国に和平提案をし、ドイツと単独講和した。また、ロシア諸民族の平等と主権、分離の権利を含む民族自決権の尊重を宣言し、バルト三国、フィンランド、アフガニスタン、イラン等の独立を認めた。

この和平提案・秘密外交の暴露と民族の権利宣言は、全交戦国民に衝撃を与えた。翌一八年一月、ウィルソン米大統領は、「一四カ条の平和原則」（資料2）を提起し、動揺を静めようとした。なお、前年四月の参戦にあたってウィルソンは、「戦争を終わらせるための戦争」だ、と呼びかける。だが、若者は乗ってこない。参戦一カ月で徴兵制をしいた。ちなみに〝戦争を無くすための戦争〟という言葉は、開戦前の一三年に、小説『解放された世界』で〝一九五〇年代に起こる原子戦争とそのあとに生まれる人権にねざした世界国家〟をえがいたイギリスの作家H・G・ウェールズが、宣戦布告を聞いた夜、書きあげ、大戦の目的に〝戦争の根絶〟を挙げよ、と主張し、たちまち連合国軍の合言葉となった、その論文の表題であった。ウェールズは第二次大戦のさなか、アメリカ大統領ルーズヴェルトに世界人権法の制定とその下での世界平和を提案していく（浜野輝訳　岩波書店　訳者解説）。

少なからぬ人々が〝戦争を無くすための戦争とは国民を煽るもの〟、「宣戦布告はアメリカ人民に対する犯罪」である、と批判し、何百もの人が、徴兵法に続いて制定された防諜法で投獄されていった。下院でのウイルソンの愛国的演説の後の参戦決議にも「ノー」の票が五〇も出ていた（賛成票は三七四）。そのうちの一票は、アメリカ最初の女性国会議員ジャネット・ランキンのものであった。彼女は一九四一年一二月八日朝の下院の宣戦布告決議にもただ一人「反対」を表明する。〝殺しあいではなにも生まれない〟と（H・ジョセフソン『絶対平和の生涯』小林勇訳　藤原書店）。

さて、ドイツの最後の大攻勢も成功せず、革命政府が成立し、皇帝ヴィルヘルム二世が亡命した翌日、一八年一一月一一日に休戦協定に調印した。戦争は連合国の勝利で終わった。約一千万人の戦死者、加えて何百万人もが、手足を失い、視力を奪われ、毒ガスで戦争神経症にかかり、気が狂った。各国経済の荒廃、諸国民衆の生活苦・子どもの犠牲などのうえに、パリ講和会議が開かれた（一九年一月）。だが、レーニンとウィルソンの戦後構想・原則に反して、講和条約は、（1）ドイツに領土割譲と軍備の縮小、莫大な賠償金を押し付けた。（2）ヨーロッパ内での民族自決を認めたが、世界中の植民地人民には適用されない。たとえば、講和会議に派遣された「大韓民国臨時政府」（上海）の代表の活動も無視された。戦勝国の利益が優先されたのだ。そして、成立したばかりの社会主義政権・ソビエトへの干渉戦争が始まっていく。さきのグレーブスは、同じ戦線で戦火をくぐってきた友人の参加する「デイリー・ヘラルド」紙がただ一つ、「過激な反軍国主義思想を掲げ、ヴェルサイユ条約とイギリス艦隊のロシア封鎖に反対」している、「条約には衝撃を受けた。これではまた戦争になる」と書いている（前出書）。

戦争の制限・戦争の放棄の理念と国際法の展開・発展について

第一に、世界各国の民衆の反戦感情を土台に、ウィルソンの戦後構想に立って、ヴェルサイユ講和条約は、国際連盟を成立させた（資料3）。「戦争に訴えないこと、紛争の平和的解決を約束し合い」、「人道的、社会的、経済的国際協力に取り組む」ことを目的とし、総会・理事会・事務局をもち日常的、継続的に活動する国際平和機構である。世界の諸国民は大きな期待を寄せた。だが、それは、世界の植民地人民の自決を保障しない、ソ連邦への干渉戦争を放置し、アメリカは参加しないものであった。失望が広がった。

だが、連盟も、その主要な課題である国際紛争の処理（規約第一二条〜第一六条）について二〇年代には小国間の紛争約三〇件を扱い、調停・平和的解決に成功していく。一方、干渉と戦いながらもソ連は、二二年の世界財政経済会議（イタリア・ゼノア）に参加して、全面的軍備縮小、毒ガスや空中戦という野蛮な戦争形態、とくに非武装住民の殲滅手段の使用の全面禁止を提起し、国際世論を喚起していく。三年後には毒ガス等禁止議定書（資料4）が成立している（二八年発効）。さらに、二九年、ハーグ条約の人道的精神を発展させる「俘虜の待遇に関するジュネーブ条約」が成立する。

ところで、日本は軍部の反対でこれらを批准しない。そして三一年九月、侵略戦争に踏み込んでいく。連盟への中国の訴え――「戦争の脅威」（規約第一一条）により開かれた理事会での調査委員会の派遣に反対し、一〇月、理事会の「日本の撤兵を求める決議」（規約第四条よる）に拒否権を発動して成立を阻み、三二年一〇月、リットン委員会報告書を受けるや、翌年二月の総会における「日本軍の撤兵、満州の中国主権回復」決議に反対し、連盟脱退の行動にでた。国際平和機構を破壊したのだ。

第二に、ヴェルサイユ講和条約に戦争法違反・戦争犯罪責任とその法的追及・裁判の規定が掲げられた（第二二七条）。

同盟及び連合国は、国際道義と条約の精神を傷つけた最高の犯罪について、前ドイツ皇帝ホーヘンツォレルン家のヴィルヘルム二世を訴追する。裁判所は、判決に際し、国際間の約定に基づく崇高な義務と国際道義の存在とを立証するために、国際政策の最高動機の命ずるところに従う。

オランダに亡命したドイツ皇帝を法廷に引き出し裁くことはできなかったが、歴史上はじめて、ハーグ条約（戦争法規慣例）・ジュネーブ条約（赤十字条約）の違反だけでなく、戦争をはじめること自体を国際法と道義に反するもの＝違法とすることに踏み出したのだ。なお、ドイツは、ヒンデンブルグ元帥ほか九〇〇人を戦争法規慣例違反で国際裁判にかけること（第二二八～九条）に反対した。ドイツ国内の裁判に委ねられたが、数人を罰して済ませた。

しかし引き続いて、二四年に「侵略戦争を国際犯罪」と規定する連盟規約の改正を求める「ジュネーブ議定書」がまとめられた。だが、批准されず、米国務長官ケロッグとフランス外務大臣ブリアンの提唱で、二九年に「戦争放棄に関する条約（不戦条約）」（資料5）が成立するのだ。そこでは戦争を「非」とし「国家の政策の手段としての戦争を放棄する」と宣言された。続いて三四年には「侵略の定義に関する条約」（資料6）が成立していく。戦争を合法とする無差別戦争観からの転換であり、「国際社会の法構造を根本的に変更することを意味」した（藤田久一『戦争犯罪とは何か』岩波書店　によられたい）。なお、この間のアメリカの戦争違法化の思想と運動については第Ⅲ部によられたい。

日本において

日本は、一九一〇年に韓国を併合し、抵抗運動を圧殺しつつ、翌年日英同盟協約を延長し、共同で中国の内政に干渉する。第一次大戦が勃発すると、一四年八月、日英同盟を根拠にいち早く連合国側に参戦し、ドイツの租借地である中国・山東省青島《チンタオ》と南太平洋の植民地島嶼を占領し、翌年一月、列強の目を掠めて中国に「二十一カ条の要求」を突き付け、五月、最後通牒を発し、受諾させる。さらに、一八年八月には、沿海州・シベリア支配の野心をあらわに、米・英国などとシベリア共同出兵・対ソ干渉戦争をはじめる。この露骨な帝国主義の日本における、国民の側に生まれる、自らの国の民主化、連盟の弱点を批判しつつも、その下での平和的国際秩序の形成に参加することを願う言論活動と政治的たたかいを確かめておこう。

まず最初に、軍国主義、拡張主義に反対し、植民地の放棄を、という知識人の言論活動である。そのひとり、ジャーナリスト石橋湛山は、大戦の初めから、一貫して、いわゆる「小日本主義」を提唱し続けた（『石橋湛山評論集』岩波書店）。また、朝鮮の全国土をゆりうごかして展開した一九一九年の3・1独立運動に加えられた軍隊・警察による苛烈な弾圧にたいする知識人の抗議・連帯の言論活動、とくに宗教学者・民芸家柳宗悦の民族自決の支持と非暴力の日本への展望の表明がある。宗悦は、地域人民の自治と個性的文化の擁護（四〇年「沖縄方言論争」）、先住民族の自決と固有の文化の擁護（四一年「アイヌ民族」擁護）の表明で一貫している（小著『個性としての地域　沖縄』平和文化　によられたい）。

ついで、労働者の運動が、シベリア出兵の惨禍・失政を非難し、「軍備撤廃」を提起しはじめ（日本労働総同盟友愛会　一九二一年）、学生たちの反軍国主義運動もはじまる（松下芳男『反戦運動史』元々社）。キリスト者の軍国主義批判と良心的兵役拒否も続く（稲垣真美『兵役を拒否した日本人――灯台社の戦時下抵抗』岩波書店、日本友和会『良心的兵役拒否』新教出版社）。

こうした国内・国際的動向に励まされ、非合法を余儀なくされながら、一九二二年に結成された日本共産党は、天皇制の廃止・共和制、一八歳男女選挙権などと植民地の放棄を掲げて、困難なあゆみを踏み出している。二五年、初めて結成された労働者と農民の政党・労働農民党は、その綱領に軍備徹底的縮小・軍国主義反対・植民地民族の教育の自由等をかかげたが、即日解散を命じられた。政府の乱暴な弾圧の下で、中国革命への干渉＝出兵に反対する下からの共同を追求していく（犬丸義一『日本人民戦線運動史』青木書店）。その中で、労農党国会議員、生理学者山本宣治は、非暴力の世界秩序への展望・その思想の普及に力をそそぎながら（G・F・ニコライ『戦争の生物学』の翻訳・出版）、二九年、治安維持法改正緊急勅令を通そうとする国会で、日本共産党綱領をふまえ、平和と民主主義の日本の道を説く演説草稿を懐に、暴力団員のテロに倒れた（小論「戦争撲滅の為奮闘せよ」『山宣研究』第一五号）。

そして、日本はついに一九三一年、中国侵略戦争に踏み出すのだ。翌年、国際連盟の機関・知的協力委員会（とフランス政府の協力による知的協力会議）が、迫りくるファシズムと戦争を前に平和のための知的連帯を築こうと物理学者・平和思想家アインシュタインと心理学者フロイトの「公開往復書簡」を各国知識人に送って、討論を呼びかけている。テーマは次の二つ。

〝戦争・暴力は人間の本性・本能なのか〟

〝戦争を放棄できる強力な国際平和機構は可能か〟

そして同年八月、ロマン・ロランなどの提唱する戦争とファシズムに反対するアムステルダム国際会議が、世界二六カ国、共産主義者・社会主義者・キリスト教徒・良心的兵役拒否者などなどの三万の諸組織を結集し、二二〇〇人の集会を開いている（小編著『増補版 人類の良心 平和の思想』によられたい）。

アインシュタイン・フロイト公開書簡は日本で受け止められていない。受け止め手として相応しい日本国際連盟協会（一九二〇年設立――はじめ法学者末弘厳太郎、国際法学者立作太郎なども参加）、連盟の下で諸国民の相互理解の教育をよびかけた国際教育協会（一九二三年結成――沢柳政太郎・下中弥三郎など）は、すでに国際平和を追求する姿勢を失っていた。最も相応しい山本宣治（その翻訳『戦争の生物学』上 は来日したアインシュタインの序文を得て刊行）は刺殺されていた。知識人・学生に国際的な呼応・連帯をつくることはできなかったのだ。

だが、反ファシズム・反戦世界大会（アムステルダム）には、片山 潜ほか三名が参加した。とくに引き続いて行われた、翌三三年の極東反戦大会（上海 米・英の上院議員、中国・宋慶齢など参加）には、文学者秋田雨雀、軍事研究家（退役将校）水野広徳、評論家長谷川如是閑、そして作家小林多喜二ほかさまざまな立場の人々が、日本・極東平和友の会を組織し、労働組合・青年宗教者組織・消費組合などに呼びかけ、参加を準備していく。しかし、多喜二は、友の会創設の直前、二月二〇日、警察で虐殺された。友の会の取り組みも圧殺された。

最後に、国定教科書の記述と平和教育実践について。第一次大戦後の大正デモクラシーを反映するかの如く、二三年に小学校修身書に新たに「国交」が加えられ、「連盟平和」が強調され、さらに高等小学修身書「国交」の大改定が行なわれ、三〇年に出されていることに注目しよう。とくに後者は、(1)「戦争の惨禍」を記述し、(2) 戦争は人道法により制約されること(捕虜の虐待、毒ガスの禁止、傷病兵は敵味方の別なく救護されること)にふれ、(3) 国際連盟規約は「戦争の防止」を約束し、(4) さらに不戦条約は「紛争の平和的解決」を求めていることを記述し、最後に(5) 平和的な国際関係を担うのは国民の責任である、と結んでいる。もとより、三一年には中国への侵略・満州事変となる。三二年度には使用されなくなる。

だが、この三〇年に非合法を余儀なくされながら、日本教育労働組合と合法的研究活動組織・新興教育研究所が発足する。その長野県教労・新教の教師たちが、三二年、小学校(高等科を含む)全学年の修身書の批判的考察と自主的教授プランをまとめるのだ。その高等小学第二二課「義勇奉公(その二)」の授業プランが、「国交」の記述・構成を生かし、組み立てられているのである。この教師たち、六五校一三八人は、翌年二月、一斉検挙で教壇を追われる。翌三月には、日本は国際連盟を脱退している(『抵抗の歴史―戦時下長野県における教育労働者の闘い』労働旬報社　によられたい)。

授業シラバスを挙げておこう(カッコのなかは森田)。

平和ということについて(主題とみてよいか)

世界平和の強調
戦争の惨禍（国際人道法について）
戦争の原因（この柱は「国交」にはない）
第一次世界大戦につき
国際連盟の成立とその意義
戦争放棄に関する条約
真の平和のための努力

わたしは、「詩のようなシラバス」と呼び、戦前日本の意識的平和教育――平和の理念と国際法教育の到達とみてきた（小著『国連学習のために―非暴力の新しい国際秩序を―』、同『平和の文化を育てよう―新しい《戦前》を前にして―』平和文化　によられたい）。

なお、政府・軍部は、子どもたちの眼前で二九年ジュネーブ条約（批准せず）や不戦条約や連盟規約を無視して、山東出兵・満州事変を強行している。学校や軍隊内で、紛争の平和的解決や捕虜は人権・人道に立って処遇されることの教育は無くなる。四一年、陸相東条英機は「戦陣訓」（戦場での倫理綱領）を公布し、兵士に「捕虜となるよりも死を」と観念させた。軍歌「戦陣訓」は、兵士や若者たちに「名をこそ惜しめ」（捕虜の「辱しめ」を受けてはならない。自決せよ）とささやきかけた。各級将校にも戦争手段を制約する戦争法規慣例（ハーグ条約）・人道法（ジュネーブ条約）の理解は無く、例えば、沖縄戦で戦線を彷徨する非戦闘員・住民を退避させるための休戦の提起（米軍指揮官との交渉）、野戦病院・収容所（壕）を非防備とし、通告するなどは一例もない。また年少者・女性に武器をとらせた。文化財を盾に布陣した。大本営は、「国土決戦教令」（一九四五・四）で「負傷者ニ対スル最大ノ戦友道ハ速カニ敵ヲ撃滅スルニ在」る。「戦友ノ看護、付添」は禁ずる。「衛生部員」（軍医・衛生兵）は「第一線」で治療に当たれ、と命じた。自らジュネーブ条約の人道の理念を放棄したのだ。下級将兵は、敵の捕虜に対し報復の感情に追い込まれ、また自らを絶望的な行動に追い込んでいく。

4　第二次世界大戦の惨禍と「冷戦」
――国連憲章原則・世界人権宣言・ジュネーブ四条約

帝国主義列国間の均衡と抑止の平和は、約一〇年でほころび始める。イタリアでムソリーニの政権が生まれ（一九二四年）、エチオピアを併合し（三六年）、ドイツでヒトラーが政権を把握し（三三年）、侵略（ズデーテン地方の併合・三八年）とユダヤ人の迫害（水晶の夜）になっていく。一方、日本も、二五年の治安維持法の強行、中等・高等教育学校への陸軍現役将校配属などを経て、中国侵略（三一年）、満州国のでっちあげに向かう。戦後世界秩序――ヴェルサイユ・ワシントン体制（二一年・海軍軍縮条約などによるアジア・太平洋地域秩序）の崩壊である。三三年にドイツと日本、三六年にイタリアが、国際連盟を脱退した。

ところで、ヒトラーの侵略政策に英・仏は「宥和政策」をとった（独・伊とのミュンヘン会談、三八年）。だが、翌年ヒトラーはチェコスロバキアを占領し、さらにポーランドに領土返還・割譲を要求した。イタリアはアルバニアを占領し、独・伊同盟が結ばれた。ようやく、英・仏はソ連との対独共同戦線の協議に入った。ところが、ソ連は戦争準備の時間かせぎのためヒトラーと独ソ不可侵条約を結び、世界を驚かせた。しかし、その翌九月にドイツ軍はポーランドに侵攻。ついに英・仏は対独宣戦布告を発し、第二次世界大戦（一九三九〜四五年）が始まった。ソ連もポーランドに、ついでフィンランドに侵攻する。国際連盟はソ連を除名処分にした。四一年六月、ドイツはソ連に侵攻し、モスクワに迫った。そして、その年の一二月八日、日本は、前年結んだ日独伊三国同盟（戦争目的・戦後構想として、独伊の「欧州ニ於ケル新秩序建設」の「指導的地位」の「尊重」と日本の「大東亜ニ於ケル新秩序建設」の「指導的地位」の「尊重」を約束しあうもの）を頼みに、ハワイ、マレー半島を先制攻撃し、米・英に宣戦を布告した。独・伊もアメリカに宣戦を布告し、ヨーロッパとアジアでの戦争がむすびつき、第二次世界大戦になった。

米大統領ローズベルトと英首相チャーチルは、四一年八月、大西洋憲章を発し（資料1）、戦後構想の原則――「領土不拡大・主権と自治の回復・経済的分野での協力・武力行使の放棄」を宣言した。四二年一月、連合国宣言（ソ連・中国を含む二六カ国）が大西洋憲章を支持し、さらにモスクワ宣言（米・英・ソ連・中国、四三年）が、「出来るだけ早い時期に一般的国際機構の設立」を宣した。経済的・社会的問題に関する連合国会議が、食料農業機関（FAO）、教育文化機関（UNESCO）、さらに国際通貨基金（IMF）などの設立を協議していく（国連広報局編『国連年鑑特別号 国連半世紀の軌跡』中央大学出版部）。

ついで、ヤルタ協定（ソ連・米・英国、四五年二月）、ポツダム宣言（米・英・中国 七月二六日、資料2）が、対日戦の目的・戦後処理構想などの原則――ヤルタ協定には領土不拡大の原則に背く、ソ連への千島列島譲渡の密約もある――を確定していく。四三年九月、イタリアは連合国に降伏。四五年五月、ドイツも降伏した。天皇制擁護のためポツダム宣言回答を渋った日本は、広島・長崎原爆とソ連の参戦で数十万の犠牲者を加え、無条件降伏に追い込まれ、八月一四日、宣言を受諾した。第二次世界大戦は終結した。

六月、二度の大戦の「言語に絶する悲哀を人類に与えた戦争の惨害から将来の世代を救う」などを理念に掲げ、「武力を行使しない」ことを約束し会う国際平和機構の第二世代・国連が成立していた。

日本、ドイツ（当時連邦共和国）、イタリアでは、歴史の深い反省に立ち、その再出発にあたり、憲法を改めた。とくに「他国民の自由に対する攻撃の手段としての戦争」（イタリア）、「侵略戦争の準備」（ドイツ）、「国際紛争を解決する手段としての戦争」（日本）を放棄し、禁止した。日本は、そのための「戦力と交戦権」も放棄・否認した（これらの歴史的意義については、第Ⅲ部によられたい）。

さらに、ドイツと日本で戦争犯罪責任を裁く国際法廷が設置され、ハーグ条約・戦争法規慣例、ジュネーブ条約、不戦条約などの国際法に基づき、「平和に対する罪」「通常の戦争犯罪」「人道に対する罪」を問う裁判が行われ、弱点、矛盾を抱えつつも――例えば昭和天皇の免責・不訴追など――厳格な量刑で刑が執行された。侵略戦争という国家の犯罪責任が、国家機関の地位にあった個人の責任・「平和に対する罪」として裁かれた（極東条例　資料3）。日本は、対日平和条約（五二年発効）で戦争裁判の判決を受け入れた（第一一条「戦争犯罪」）。

そして、戦後政治は、新しい米ソ対立――冷戦の四〇年となる。

戦争の制約・戦争の放棄の理念と国際法・国際機構論について

第一に、国際平和機構の第二世代・国際連合が成立した。アメリカでは、四〇年にはカーネギー国際平和基金・平和機構研究委員会などが、戦後の国際平和機構を論じはじめる。日本でも、四二年に政治学者細川嘉六が敗戦後の国際政治機構を論じている。後で触れる。対日戦が始まるや、国務省は直ちに戦後国際機構にかんする特別委員会を設置した。大西洋憲章、モスクワ宣言で「すべての平和愛好国の主権平等の原則に立脚し、国の大小を問わず、すべての国の加盟」するものであることが、確認された。そして、四四年八月、中国の参加する四カ国のダンバートン・オークス会議で国連憲章案が決められ、翌年六月二五日、サンフランシスコ会議で採択された（資料4）。署名式典では「侵略戦争に対する長きにわたる闘争を認められた中国が、最初に署名する栄誉を与えられた」（前出『国連年鑑』）。

ところで、五大国の絶対的拒否権には批判が集中した。オランダ、オーストラリアなどが修正を求めた。しかし、連盟へのアメリカの不参加という失敗の経験を踏まえ、諸国は「大国一致主義」、強大な拒否権を受け入れた（憲章第二七条）。こうして、連盟という、勝者が敗者に押し付けた講和条約という不公正な平和を維持するため、その講和条約のなかに位置付けられたものとはまったく違う、それ自体、「来るべき平和の時代の国際社会を支配すべき原則とそのための制度・仕組み」を盛るものとして国連憲章が生まれた（坂口明『国連　その原点と現実』新日本出版社、浅井基文『新しい世界秩序と国連』岩波書店　によられたい）。

さて、その国連の下で、「冷戦」と武力対立が続く。安保理の合意による紛争の解決は、大国の拒否権の行使により進まない（成立後の二〇年間、常任理事国の拒否権行使は一一一回、そのうち一〇三回がソ連。六五年からの二〇年間の拒否権行使は一一九回、うちアメリカ五七回、ソ連一八回）。

だが、安保理に代わり、総会は、一九六〇年、南ア政府のアパルトヘイト政策に対し加盟国に外交関係の断絶、港湾・空港などの使用禁止を要請する決議を採択し、同時に、植民地独立付与宣言を決議する（資料5）など、「人類の議会」として大きな役割を果たしていく（明石康『国際連合』岩波書店）。

全世界で嵐のような植民地解放・独立が展開する。加盟国は急増する。七〇年には、国連憲章をいっそう明白な国際法の原則として確定する「諸国間の友好関係及び協力についての国際法の原則に関する宣言」が採択された（資料6）。

ついで、アメリカのベトナム侵略戦争が米軍の敗退で終わる、前年の七四年、総会は、憲章第二条「原則」

（戦争を慎む・紛争の平和的解決など）にかかわる「侵略の定義決議」を採択した（資料7）。三四年の「侵略の定義に関する条約」を発展させるものだ。アメリカは、現在もこうした侵略の定義の国際的合意を認めようとはしない。次の節で触れる。

第二に、国際平和機構の主人公としての世界諸国民の人権法――カントの世界市民法――世界人権宣言が、四八年に成立したこと（資料8）、および赤十字国際委員会のイニシアチブで戦後直ちに始められる人道法の検討が、翌四九年、きわめて体系化された、捕虜・傷病者・文民を保護し、文化財・環境を保護するジュネーブ四条約に結実したことの意義は大である（資料9）。なお、この時、ユネスコは「戦争をひきおこす緊迫の原因」についての研究討議を踏まえ、四八年に、「平和のために社会科学者はかく訴える」を世界の科学者に送り、平和のための研究と教育についての行動を促した。日本の平和運動に大きな影響を与える。後で触れる。

二つの国際戦争裁判で「通例の戦争犯罪」として、とくに東京法廷では中国における戦争開始から降伏までの、拷問・殺人・強姦その他の非人道的な性質の残虐行為が確定された。法廷は、都市や村落住民の虐殺として南京市民虐殺、バターン死の行進などをあげ、「政府またはその官吏、軍隊の指導者によって行為されたものであり、しかも「歴代政府が中国での武力行為を戦争であると認めず、事変と呼び、戦争法規が適用されない」としてきたこと（条約に伴う責任を放棄してきたこと）を厳しく指摘した。

世界人権宣言のもとで、一九七六年・国際人権規約（A・B）、八一年・女子差別撤廃条約、八七年・拷問等禁止条約、九〇年・子どもの権利条約が成立し、人権の保障を全面的なものにしていく。ひきつづくジュネーブ四条約の発展（国際的および非国際的武力行使のもとでの文民の保護、非防備地区への攻撃禁止などをふくむ二つの議定書の成立　資料10）と結び合い、戦時下の「組織的強姦」（軍管理性奴隷）、強制連行・労働などについて、犠牲者個人に、国家の名による謝罪・名誉回復・調査と公開・補償・教育による事実の継承などを受ける権利の確定に向かう（九三年 国連・差別防止・少数者保護小委員会 テオ・ファン・ボーベン報告 第5節の資料7をみよ）。なお、日本政府はこれら人権・人道法の発展を認めず、犠牲者への謝罪・補償を誠実に行うことをしていない。

第三に、ヒトラーによる、自国および他国のユダヤ人に対する迫害を踏まえて、人種や宗教などを理由にした一般市民の大量殺害、絶滅の行為を禁ずるジェノサイド条約が、四八年に全会一致で成立した（資料11）。すでに、四二年には、ヨーロッパの連合国はセント・ジェームス宣言を採択し、ナチ・ドイツのユダヤ人にたいする迫害、つまり一般住民にたいする人種的または宗教的所属を理由にする迫害から殲滅にいたる行為は、戦争行為ではなく、責任者は罰せられる、国家元首も免責されない、としていた。ニュルンベルグ条例六条はこう規定した。人道の罪は、「戦前または戦時中」「一般住民に対する」「犯罪の行われた国の国内法に違反すると否とにかかわらず」の三原則で訴追される、と。

さらに、七〇年、「戦争犯罪及び人道に対する罪に対する時効不適用条約」が成立した。その意義は大きい（資料12）。日本は未だに加入していない。

第四に、国連は、四六年総会で、広島・長崎原爆の惨禍をふまえ、また核兵器の開発競争と核戦争の惨害を憂える国際世論をふまえ、核兵器と大量破壊兵器を禁止する原則を立てた（軍縮大憲章　資料13）。その後、激化していく米ソの核軍拡競争を止めさせ、核戦争の危機を回避すべく、国連は、世界の非同盟諸国の力を支えに（六一年 第一回首脳会議宣言　資料14）、世界の良心的科学者たちの声に励まされ（五五年 ラッセル・アインシュタイン宣言ほか）、反核・平和運動組織（非政府系組織・NGO）――日本の原水爆禁止運動・被爆者運動が先頭に立っていた――と共に、一九六一年に「核兵器使用禁止決議」を採択し（資料15）、七〇年に

「核兵器のさらなる拡散を防止する」核不拡散条約を発効させた（一七五カ国参加）。しかし、米ソ核大国は抑止力戦略に立ち、核軍拡競争を続け、核による威嚇・干渉を止めない。

世界の反核平和勢力は、七八年、国連第一回軍縮特別総会を支え、成功させた。一〇〇万を越えるＮＧＯが、ニューヨーク総会議場の内外で見守るなか、〝核戦争による人類の死滅か核廃絶か〟を掲げた人類生存のための行動原則が決議された（資料16）。その決議に基づき、八〇年に開かれたユネスコ主催軍縮教育世界会議は、軍縮教育一〇原則の第一原則で、「核兵器の使用が人類の生存に対してもっている重大な危険を自覚させること」を世界の科学者・教育者・ジャーナリストほかの責務とした（第5節の資料12をみよ）。

この間、原爆被爆者・水爆被曝者を中心にした日本の原水爆禁止運動は、七七年に国連後援・被爆の実相を明らかにするＮＧＯ国際シンポジウム（東京ほか）を成功させた。ヒバクシャの「証言」が世界の人々に受け止められ、人々の心に刻まれていく契機となった（同『報告書』朝日イブニングニュース社）。そして、八五年「核兵器全面禁止・廃絶のために　ヒロシマ・ナガサキからのアピール」が、全世界の人々に発せられた（原水爆禁止日本協議会『ドキュメント１９４５―１９８５　核兵器のない世界を』）。

同じとき、米・ソ・カナダほかの国々で科学者による核戦争の惨禍についての科学的予測の研究がすすんでいた。八三年の、アメリカほか八カ国の六一人の科学者の協力でまとめられた研究報告は、世界の人々に、「核の冬」――六五〇〇万年前、小惑星との衝突で生じた「途方もない量の細かいチリ」が大気を覆って、地球が暗闇となり、冷却したために恐竜などの生物種が絶滅したように、核戦争による都市と森林の大火災によって生じるチリに覆われた地球の暗闇化と冷却の中で人類は滅亡していく――を自覚させた（カール・セーガンほか『核の冬』野本陽代訳　光文社）。

また日本を含め、各国の作家たちも核戦争と人類の死滅のテーマに取り組んでいく。ここでは八〇年代の外国の作品のいくつかあげておこう。

八二年、イギリスの著名な絵本作家レイモンド・ブリックスは、年金で暮らす老いた夫婦が、政府の「パンフ」を信じて、核戦争に備え、部屋のなかに防護コーナーを作り、水爆の投下されたあとの瓦礫の中でも政府の救援はきっとくる、と疑わず、被爆で弱まる身体を横たえ、聖書の一節を口ずさみつつ死んでいく、という絵本を出した（『風が吹くとき』小林忠夫訳　篠崎書林）。イギリスの歴史学者E・P・トンプソン（ヨーロッパ核軍縮運動＝END創設者）の『抗議して生き残れ』（八〇年）――政府のパンフ「防護して生き残れ」への批判――を作品化したものといえよう。

同年、スウェーデンの医師・作家P・C・ヤシルドは、核戦争のあと三〇数年、ただひとつ生存者の住むバルト海の小さな島で作品を結んでいる。あれ以来島の「すべての生態系」は変動した。ある年、突然繁殖し始めた新しいウイルス――それは鳩により運ばれてきた――の感染症で島の人々は、「社会関係に冷淡で、無関心になっていく」脳炎にかかる。しばらくすると、みんな「自己陶酔に陥り、男たちは狩りをやめ、女たちは授乳をやめ、老人たちはもはや昔話を語らなくなり」、「四カ月も経たないうちに」人はみな飢え、死んでいく（『洪水のあと』山下泰文訳　岩波書店）。

いまひとつ、八三年、西ドイツの作家グードルン・パウゼヴァングの作品をあげておこう。彼は、核戦争の後、生き延びた村々の子どもたちと一人の父親――戦前は教師――を描いた。彼らは廃墟のあとに学校を再開した。ところが、子どもたちは教師に〝お前はあのとき戦争に反対したか〟〝平和のため何かしたのですか〟と詰め寄り、問う。「父さんはただ首を横に振っただけだった。だけど、ぼくは正直にそうしたことがうれしかった」と、ぼくは思う。

「子どもにとって、読み書き算数よりももっと大切なことがある。暴力や盗み、争いのない社会をつくること、おたがいをいたわり、困ったときは助けあうこと、何か問題が起これば力をあわせて解決すること、そしてみんなが愛しあうこと。ぼくらは平和な世の中をつくっていかなければならない。――たとえ、この世がもう長くは存在しなくても。

なぜなら、ぼくらはシェーベンボルン最後の子どもたちなのだから」

作品はこの言葉で終わっている（『最後の子どもたち』高田ゆみ子訳　小学館）。

こうして、一九八〇年代を通して、世界の人々は〝核兵器は絶対に許されない〟と考え、核抑止戦略を批判し、核廃絶を求めることに向かう。なお、八〇年代に入って、日本の高校教育に新しい風を起こす高校生平和ゼミナール運動は〝わたしたちは「最後の子どもたち」にはなりたくない〟を合言葉にしていく（それは、八八年の全国高校生平和集会で採択された「世界高校生平和憲章〈第一次案〉」前文に盛り込まれる）。そして、パウゼヴァングを提唱者のひとりとする「ＬＩＦＥ　ＬＩＮＫ」（子どもたちの平和のための意見表明を励ます国際組織）の日本における活動を担っている。

さて、鳩の運ぶウイルスに感染して人間が失っていく、みんなのために耕し、子どもを生み育て、子どもたちに昔語りをする、という人間の本性、人類の死滅を前に、「子どもにとってもっと大切なこと」としてあげられているものこそ、平和で民主的な世の中を築くものの胸に抱かれる価値観、態度であり、行動様式であろう。人類の歴史の中で、戦争の惨禍の度に、「人間の本性」として、「人道」として、人々の良心をゆり動かし、意識化されてきたものだ。九九年秋の国連総会の「平和の文化に関する宣言」に改めて確認されていく。（第５節の資料15をみよ）。

第五に、第二次世界大戦のなかでの、各国人民の侵略戦争に反対する戦い、植民地人民の独立の戦い、戦後の米ソ対立と朝鮮戦争、ヴェトナム戦争などの戦争の体験を踏まえ、世界の各地に刻まれた平和のたたかいと思想、とくに非暴力の理念・方法に触れておこう。

少しく歴史をふりかえる。第一次大戦の講和会議の始まる一九一九年、世界各地で植民地解放・独立を求める運動が起こる。三月一日、朝鮮で日本帝国主義からの独立を求め、独立宣言に非暴力の理念を掲げた運動が全国土に広がる（資料17）。五月四日、中国で北京の学生を先頭に日本に山東返還を求める抗議行動が始まった。そして、四月六日、インドでガンディーの指導する第一次サティヤーグラハ・非暴力抵抗運動が起こっていく。

ガンディーは二〇世紀初頭の約二〇年、弁護士としての南アでの人種差別とのたたかい・度々の投獄をへて、一四年にインドに帰っていた。第一次大戦でのイギリスのとった政策（インドに自治を約束し、戦争協力をさせたが、戦後なにも報いない）に抗議し、民衆と共に反英独立のきびしい運動に入るのだ。その方法として暴力否定・対英非協力を貫くこと、そのためにも真理を自らに具現し、相手に博愛をもってし、その非を悟らしむる、その理念の習得＝サティヤーグラハ真理探究運動になるのだ（エルベール編『ガンディー聖書』蒲　あつし訳　岩波書店）。ガンディーの「非暴力の五つの公理」をあげよう（資料18）。

なお、ヨーロッパでも、ガンディーの非暴力主義——抗議・抵抗・不服従——に深く励まされる人々がいたことに触れておこう。フランスの作家ロマン・ロランは、一九三一年、戦争を生み出す「現在の社会・統治体制の廃止・革命」が必要である、と社会主義諸勢力と知識人に行動を呼びかけつつ、同時に「インドのように集団的で、力強く組織された不服従の行動」を放棄してはならない、と呼びかけた。彼は、原始キリスト教までさかのぼり、ヨーロッパの歴史に刻まれている非暴力・不服従のたたかいの伝統を確かめ、「それを甦らせよう」と促している（「革命によって平和を」『ロマン・ロラン全集』一八巻　蛯原徳夫訳 みすず書房）。翌年のアムステルダム国際反戦会議になる。

さてガンディーが、Ｈ・Ｄ・ソローに深く学んだことは知られているが、そのガンディーに学び、六〇年代全米で非暴力の黒人公民権運動を発展させるのは、マーチン・ルーサー・キングである（『黒人はなぜ待てないか』中島和子・古川博己訳　みすず書房）。その「非暴力者の十戒」を見よう（資料19）。彼は、非暴力直接行動の倫理こそ「世界の人種（民族―森田）関係を改革し、人類死滅の兵器をもつにいたった現代世界で安全を保障するための、広く受け入れられる理念であろう」と述べている。

そして、同じとき、ジョンソン大統領による大規模なベトナム北爆（六七年）に抗議する「平和のためのアトランタ人」集会での呼びかけが、アメリカ中を驚かせるのだ。新聞はこう報じた。

〝あの国会初の女性議員ランキンがまだ生きていた〟〝二つの大戦への参戦にノーの票を投じた彼女が、いままた、「ソローやガンディーの思想」に立って、女一万人が手をつないで行動すれば戦争を止めさせることができる〟と提唱している、と。その年、ワシントンへの請願行進「平和のための女性の行進」の先頭に八七歳のジャネット・ランキンがいた（前出書『絶対平和の生涯』）。

ベトナム戦争へのアメリカ人民の非暴力抵抗は、五〇万人の青年たちの徴兵拒否、多くの兵士たち（恐らく一〇万人）の従軍拒否・脱走（約三万五千人が軍法会議・投獄）の行動、それを支える、幾千人もの納税拒否、平和のためのハンガー・スト、大学卒業式でのデモなどなどにより、政府の戦争政策をついに放棄に追い込むのだ。

この黒人公民権運動とベトナム反戦運動で理論的にも実際運動の上でも支えた歴史学者ハワード・ジンは、エマーソン、Ｈ・Ｄ・ソローを振り返りながら、非暴力とは「黙って受け入れることではない。抵抗である。ストライキ・ボイコット・非協力・大規模なデモ行進・サボタージュ」などさまざまな行動を含む。非暴力直接行動とは、「市民的自由とか投票機構のような政治的権利を利用することをばかにせず、その限界をみとめ、それを越える運動」である、と同時に、「平和と正義を求める世界的規模の非暴力による運動」は国際問題の解決に導入される、と指摘した（『甦れ 独立宣言』飯野正子・高村宏子訳　人文書院）。

こうした非暴力のたたかいの歴史、思想、方法について、九一年、ユネスコにより『暴力についてのセビリア声明——平和構築の土台を準備しよう』が刊行されるにいたる。後の第5節で触れる。

日本において

第二次世界大戦＝アジア・太平洋戦争と戦後——八〇年代の終わりまでの、平和の思想——戦争の放棄と国際平和機構への願いについて一、二のことに触れておこう。

四一年一二月八日、太平洋戦争に入る。その年四月からの国民学校修身書の最後の課「新しい世界」は、「わが日本と志を同じくするドイツ、イタリア両国」が「新しい欧州をつく」ろうとして、「地中海に、アフリカに、大西洋に、米英にたいする戦をくりひろげ、ソ連」と戦っている。「世界をわがものにしよう」という「野心」でつくられた「古い世界が、しだいにくづれ落ち始め」ている。「大東亜」では「わたしたちの目の前」で「新しい正しい世界」が築きあげられ、「大東亜の建設」がすすんでいる、と教え込んでいく。言論界では、「大東亜共栄圏」論、「世界史の哲学と日本」論、「近代の超克」論などが、古臭い皇国史観にヴェールをかけ、学生・若者たちを侵略と破滅の戦争への支持、いや戦場へ駆り立てていた（小著『新国家主義批判』、同『国連学習のために』平和文化　によられたい）。

その時点で、植民政策学者細川嘉六（戦後、日本共産党・参議院議員）やジャーナリスト石橋湛山（戦後、自民党・首相）が、敗戦を見据え、戦後国際秩序の構想を探っていた。とくに、細川は、四二年夏、雑誌『改造』に「世界史の動向と日本」（上・下）を書く。彼は、「日本の当面する世界情勢」は日清・日露、第一次大戦で得た「経験と知識」「既成概念」を「はるかに超越」する事態の「発展」であり、このままでは「日本民族の将来にとって至重至大なる問題」をもたらす、と敗戦を暗示しつつ、戦後の世界政治（機構）の「基本原則」として、世界史の上で初めての「国際的大組織」国際連盟の瓦解の原因である「力の原理」、領土併合・植民地主義を放棄すべきこと、日本は真実アジア諸国人民の「心」をひきつける「雄渾なる政治良識」に立たねばならないこと、そして新しい国際機構は、すべての民族の自決権の保障、共和制の国家、「世界政治経済の世界的問題解決」への国際協力を原則とすべきだとし、最後に、日本の国民は「おおいかぶさっている帝国主義的支配を打破するほどの国民的若さを取り戻」さねばならない、と結んだ（『細川嘉六著作集』第三巻　理論社）。大いに評判になる。それに対し陸軍報道部は「共産主義の宣伝」と攻撃、雑誌は発売禁止、細川は逮捕。翌年以降さらに改造社、中央公論社などの編集者と執筆者六〇余人を共産党再建運動なる架空の事件で逮捕した。敗戦後の釈放までに拷問による獄中死四人、保釈直後の死者一人を出す、戦前戦後を通じて最大の言論弾圧である。なお関係者・遺族は、国家秘密法案が準備されるなか一九八六年、再審裁判を起こし、それが最高裁で棄却された後もなお第二次、第三次の再審を求め、治安維持法による不当逮捕・不当拘禁・拷問など非人道的行為への政府の謝罪、名誉回復を求めるたたかいを続けている。重要なことは、細川が〝奴隷のことば〟を余儀なくされながら、戦後の国際政治・国際平和機構を構想したことであろう。

そして、四五年八月一四日、日本政府はポツダム宣言を受諾。翌一五日、昭和天皇は「終戦」の詔書を出すとともに全軍に「無条件降伏」を宣し、敗戦となる。国連憲章のもとでの、だが東西対立の矛盾をはらみつつ形成される新しい国際秩序の中で、ポツダム宣言に基づく日本の非武装化・民主化が急速に進む（マッカーサー元帥・ＧＨＱ五大改革）。敗戦のただ中で、日本人は三つのことに取り組みはじめる。

まず、八月六日、九日の惨禍のなかで被爆者たちが、その日から（詩人峠三吉、作家原民喜ほか）、やがて占領軍の言論・報道統制をかいくぐりながら（太田洋子『屍の街』、長田新『原爆の子』ほか）、真実を語り、記録し、作品化しはじめ、こんにちの核兵器廃絶のたたかいの第一歩を踏み出し、その人道理念――原爆は絶対に許されない――をひとびとの心に刻みはじめた、ということだ。

いまひとつは、戦争の犯罪責任と政治的道義的責任の解明と追及である（公職追放・団体解散などと逮捕訴追）。そして、三つ目は新しい憲法をつくりだすという課題である。それらは結びついていた。戦争犯罪責任者の逮捕、訴追は、当然占領者の手によって行われた。九月一一日以降一二月にかけ、GHQは、日本の戦争指導者を逮捕していった。国民の側の戦争犯罪人追及人民大会が戦犯名簿を発表したのは二日後であった。もちろん、あらゆる領域で戦争責任の政治的、道義的追及は行われた。例えば、教職員は戦争責任を自覚し、戦時中組み込まれていた職能団体・大日本教育会を解散に追い込みながら、教職員労働組合・日教組に結集していく、やがて「教え子を再び戦場に送らない」のスローガンを掲げる。美術者たち、科学者たちそれぞれの戦争責任の自覚的追及も重ねられた（司修『戦争と美術』岩波書店）。

一方、国民の側からの新憲法草案のひとつ、四五年一一月二一日付の高野岩三郎私案は、「軍閥の組織的陰謀、民衆の奴隷化」を理由に「天皇制ヲ廃止シ共和制」とする、と宣明している。翌四六年一月、日本共産党宮本顕治は論文「天皇制について」において、「（明治以後の）絶対君主制」の「制度としての犯罪性」と「中国への侵略、対米英戦争」の「戦争指導最高会議の主宰」者としての「戦争犯罪」を指摘していた（『前衛』第一号）。だが、マ元帥は、その一九日、極東軍事裁判所の設置を指令。五月には開廷、国民の側の戦犯論議、とくに天皇の犯罪責任を問う世論を押さえこみ、六月には、キーナン検事をして天皇の不訴追、翌年には財界に戦争責任なし、を言明させていく。

だが同時に、マ元帥は、国民の側の憲法要求を全く無視した政府の憲法改正要綱（四六年二月）を拒否し、民間案を踏まえた憲法草案を提示した。国会での審議を経て、一一月に日本国憲法の公布となっていく。ところで、四八年一月、アメリカは日本を「反共防壁」にする政策に転じた。その一一月、二五戦犯被告の有罪、うち東条ら七人の絞首刑が宣告されたが、翌月には岸信介らA級戦犯容疑者が釈放された。この原爆・核兵器の否定・廃絶、戦争責任の明確化、憲法の民主的原則の擁護の三つは、やがて五〇年の朝鮮戦争（核兵器使用の危機）と日本の再軍備、講和問題と日米安保条約問題に直面し、ひとつのものとして追求されることになる。

さて、現行教科書も歴史的史実として東京裁判を伝えることをしている。だが、いわゆるBC級戦犯法廷をふくめて、その法廷が、いかなる国際平和法（不戦条約など戦争を違法とする法）、戦争法規慣例（ハーグ条約）、国際人道法（とくに二九年ジュネーブ条約）に基づいて、どんな手続きで、またどんな矛盾・弱点を含んで、行われたのか、いかなる歴史的意義をもつのか、現に各国の元兵士・市民が軍管理性奴隷、強制連行・労働、捕虜虐待などの責任を問い、政府・企業を訴えていることとの関係、さらにアメリカの原爆投下の犯罪責任を問い、核兵器など大量破壊兵器の禁止・廃棄を迫る国際法の発展について記述していない。

ところで、世界人権宣言が採択され、一方で「冷戦」（ベルリン封鎖）に入っていく四八年、ユネスコは「平和のために八人の社会科学者はかく訴える」を発していた。これを受けとめた、ジャーナリスト吉野源三郎と英文学者中野好夫、経済学者都留重人ら五二人の科学者は、四九年一月、「自らの戦争責任」を表明した「戦争と平和に関する日本の科学者の声明」を出した。引き続いて、平和問題談話会を結成して、五〇年一月、講和問題に関して「全面講和」「経済的自立」「中立不可侵・国連加盟」「外国軍事基地絶対反対」の原則を声明し、さらに朝鮮戦争の下での、切迫した情勢の中で選択を迫られている講和問題と安全保障条約問題に関して、九月、「三たび平和について」（研究報告書）を発表し、世論形成に大きく寄与した。冒頭、ユネスコの「訴え」に呼応するものであることを明記して、憲法第九条を「一切の戦争と戦力の放棄」であるとし、自衛権を当然としつつ、それは「戦争以外のあらゆる精神的文化的乃至政治的法律的な方法で、わが国の独立を守り、自立を全うすること」と明記した（「戦後平和論の源流」『世界』八五年七月号岩波書店　によられたい）。まさに、あらゆる非暴力の行動による独立と自由の擁護・たたかいの表明である。

五四年、占領下沖縄では、米軍の横暴とたたかう県民の、とくに伊江島の農民と指導者阿波根昌鴻、那覇市民と瀬長亀次郎（当時市長）のたたかいが、同じ年、本土・東京杉並にはじまる原水爆禁止運動が、こんにちの、憲法平和主義に立って、軍事同盟・軍事基地を無くし、核兵器を廃絶していくこと、そこに大きな国際的共同を築いていく、という日本の非暴力のたたかいを切り開く（阿波根『米軍と農民――沖縄県伊江島』岩波新書。瀬長『民族の悲劇――沖縄県民の抵抗』新日本出版社）。

世界の反核・平和行動の先頭に立つ、被爆者を中にした原水爆禁止運動（とその世界大会）は、七八年・第一回、八二年・第二回国連軍縮特別総会の成功に寄与し、八四年、米ソ核軍拡競争の激化を押し止どめ、核兵器廃絶の国内・国際世論を大きく発展させていく「東京宣言」を発した。八〇年代を通じて、ロンドン、シカゴなどの非核都市宣言・条約に呼応し、非核自治体宣言運動が急速に進んでいく（森田俊男編著『非核自治体』平和文化　によられたい）。

この間、八〇年ユネスコ主催軍縮教育世界会議は「軍縮教育一〇原則」を提起し、世界の人々に、核兵器の使用による人類死滅の危機を自覚し（第一項）、「武装民族国家の世界システムから非武装平和の新世界秩序への転換」を展望すべきことを呼びかけた（第二項）。憲法第九条の普遍化にほかならない。また、七七年成立のジュネーブ諸条約第一追加議定書に拠《よ》る「非暴力的市民行動のような非軍事的防衛システム」（非防備都市宣言）についての学習・研究や「良心的兵役拒否の権利」への学習を呼びかけた（第六項）。日本から多くの研究者・被爆教師が参加し、原則の成立に寄与した（第5節の資料12を見よ）。

さらに、米ソ対立・核戦争の危機の中、八六年、世界の著名な生物行動学者Ｓ・Ａ・バーネット、人類学者リチャード・Ｅ・リーキーなど二〇人により、「暴力についてのセビリア声明」が出された。それは、「戦争は人間の本性ではない」、暴力は放棄できる、と指摘した。八九年、ユネスコ総会は、この声明を支持し、その普及を決議した。湾岸戦争のなか、九一年、ユネスコは、声明署名者である心理学者Ｄ・アダムスによる『暴力についてのセビリア声明――平和構築の土台を準備しよう』を刊行した。それは、三二年のアインシュタイン・フロイト「往復書簡」、四八年の「八人の社会科学者の平和の訴え」を引き継ぎ、「戦争は人間の本性のなかに遺伝的にプログラムされている」などの言説を科学的に退け、人間は戦争を放棄しうる、だが、平和と自由はたたかいなしには実現しない、と言い、ガンディー・キング牧師の非暴力の抵抗を引き継ごう、と呼びかけた（第5節の資料14を参照）。日本における、憲法平和主義原則のたたかいと結び合い、励ますものであった（小著『憲法平和主義読本――非暴力によって平和と正義を――』平和文化）。

5　二一世紀・非暴力・平和の国際秩序に向けて

――国連の改革と国際刑事裁判所の成立と

一九八〇年代の終わり、ソ連・東欧の内部矛盾は激化し、諸国人民の民主主義と自由への要求は抑えるべくもない。八九年一一月九日、東西ドイツを隔てる「ベルリンの壁」が撤廃された。一二月二日、米ソ首脳会談（マルタ）は、「冷戦後の新時代」へ、と強調した。前日、ワルシャワ条約機構五カ国は、「プラハの春」（六八年）武力介入を自己批判していた（翌年六月、軍事機構から政治機構への転換宣言）。六月には、米ソ首脳は戦略兵器削減に合意（ＳＴＡＲＴ）、七月、第一六回主要国首脳会議、東欧支援を含む経済宣言を発表など、「冷戦」の瓦解現象が続く。

そうしたなか一九九〇年八月二日、イラクはクウェートを侵略し、八日、併合を宣言した。国連安保理は、その日、即時撤退を決議、六日、全面経済制裁を決議し、九日には併合宣言を無効とし、二五日、対イラク限定武力行使決議を採択した。米ソ首脳は、九月九日、対イラク制裁で協力を声明した。

国連に新しい局面が生まれた。世界の多くの人々が、そう思った。国連が、成立のさい掲げた、三つの目的（憲章第一条）を、原則（第二条）――（１）主権の対等平等原則、（２）戦争を慎む、（３）紛争の平和的解決など――に厳格に立って、大小の加盟国が一致して追求していく、という時代に入ったのだ、と心を躍らせ、期待した。

一一月二九日、国連・安保理は対イラク武力行使容認決議を可決した。非同盟諸国の支持を得てのフランスなどの外交努力が続けられていた。だが、その間、アメリカは、着々と武力の集結（なんと一千発の核兵器の実戦配備を含む）を強行した。アメリカでは高校生たちも〝No Blood For Oil（石油のために血を流すのはいやだ）〟と行動し始めていた。だが、米・多国籍軍は、翌九一年一月一六日、イラク攻撃を開始した。ソ連も容認した。湾岸戦争である。ミサイルの鮮やかな曳光、油田の猛火、原油にまみれる海鳥の映像が世界中の家庭の茶の間に映し出された。圧倒的な米軍事力によりクウェートの主権・国土は回復された。だが、それはアメリカの犯した戦争犯罪ではなかったのか（ラムゼイ・クラーク『被告ジョージ・ブッシュ　有罪――国際犯罪法廷への告発状』日本国際法律家協会訳 柏書房）。

国際政治は別な意味で新たな段階に入ったのだ。その後の一〇年で明らかなように、ソ連・東欧体制の崩壊はあったが、西側帝国主義同盟の転換を意味するものではなかった。米国、欧州連合（ＥＵ）、日本など先進資本主義国は、広大な旧「社会主義」圏と現「社会主義国」を着々と自らの市場に組み込みつつ、ソ連の影響力（軍事支援など）を失い、また第三世界あるいは非同盟として維持して来た独自性をも弱めた発展途上諸国をたやすく自らの経済的政治的秩序に組み込む、国連をそのために利用していく、というものであった。

一方、世界の平和・人権・環境の問題にとりくむ人びと・ＮＧＯと途上諸国の良心の声にはげまされ、国連を中心にして、「持続可能な発展」を権利とする「環境と開発に関するリオ宣言」（一九九二年）、「すべての人民の自決権」などを総合的に明示した世界人権会議「ウィーン宣言」（九三年）、「女性の意志決定過程への参加」を平和の基礎とするなどを明記した世界女性会議「北京宣言」（九五年）が発せられていく。

だが、アメリカなどの一握りの多国籍企業と国際金融資本の、国境・国籍を越えての、最大利益の追求を目的とする経済グローバリゼーションは、急展開していく。一九九四年から九八年の間に、世界の最も裕福な二百人は純資産を二倍以上にし、全世界の貧困層二五億人の年収と等しい富を蓄積した。貧困は、世界各地の子どもたちを奴隷のような暮らし、人身売買、債務奴隷労働、売春、武力紛争への強制的な徴募などに追い込んだ。同じことは先進国でも起こっている。例えば、ニューヨーク市では、貧困家庭の子どもは、九〇年から九六年までに二〇パーセント増え、比率は四四から五二パーセントに高まっている。さしあたり、最貧国の債務を削減・棒引きすることなどが急がれるが、根本的には、この経済グローバリゼーションを規制し、「国内、国際間に公正を取り戻すことしかない」（ユニセフ『世界子供白書』二〇〇〇年版）。

アメリカは、「冷戦後の戦略」として、（1）「地域紛争激化」への軍事的対応、（2）国連を帝国主義にとって必要な世界秩序のための「共同利用機関」へ再編する、(3)同盟国をアメリカを盟主とする階層秩序内に位置付ける、(4)経済成長のいちじるしいアジア・太平洋地域を重視し、軍事力を展開しつづけることに乗り出すのだ(渡辺 治『現代日本の帝国主義化 形成と構造』大月書店)。現に湾岸戦争後も、英仏と共にイラク南部に飛行禁止区域を通告し(九二年)、三カ国軍による連続爆撃(九三年)、米軍独自のミサイル攻撃を重ね、今に至っている。また、北朝鮮の核開発疑惑で先制空爆を図り(九四年、中止)、空母ニミッツを台湾海域に急展開させ(九六年)、キューバ制裁・封鎖を続けている。国連を利用し、国連の見解(九六年総会、キューバ制裁の解除を求める決議)を無視して。

そして、九九年三月、アメリカはNATO諸国とともに、ユーゴ・コソボ自治州におけるセルビア治安部隊やユーゴ連邦軍、民兵によるアルバニア系住民の「大量虐殺」の報道——コーエン米国防長官「一〇万人殺害の可能性」と発言——を根拠に、非人道的行為の阻止を大義に、国連決議なしに、主権国家ユーゴスラビアに対する宣戦布告なしの先制攻撃を開始するのである。文字通り、国際法を無視するものだ。

この間、日本政府は安保条約再改定に等しい「日米安保共同宣言——二一世紀に向けての同盟」(九六年)と「新ガイドライン」(九七年)を受け入れ、ユーゴ空爆の最中の五月二四日、周辺事態法など、アメリカがアメリカの国益のために行う武力行使・戦争に兵站で協力・参戦する法を成立させた(新原昭次『戦争と平和の問題を考える——ユーゴ空爆からアジア外交まで——』新日本出版社)。

その時、開催されていたハーグ・平和アピール世界市民会議(一八九九年第一回ハーグ世界平和会議の百年を記念するもの)は、米・NATO軍の軍事行動をめぐってのきびしい議論を踏まえて、その採択した「二一世紀への平和と公正のためのハーグ・アジェンダ」の中で、「グローバリゼーションこそが、貧困と環境破壊、人々の間の対立・非寛容、絶望と暴力を生み、戦争の要因となっている」と指摘し、最貧国の債務の救済と帳消しを、と要求した。そして、その「公正な世界秩序のための一〇の原則」で、「すべての国の議会は、日本国憲法第九条にならって、政府が戦争をすることを禁止する決議を採択すべきである」「核兵器廃絶条約のための協議をただちに開始すべきこと」と提起するとともに、非人道的行為についての国際行動の原則を提起した（資料1）。

その秋の国連総会では、クリントン米大統領は「われわれのように行動することによって国連憲章の原則と目的は擁護された」と主張した。だが、NATOの一員としてユーゴ空爆に参加したフランスのジョスパン首相は、「人道的な緊急事態」といえどもあれは「例外」であるべき、と演説し、フィッシャー独外相は、「コソボのやり方が正当化されるなら、世界は一八世紀（無差別戦争観の時代―森田）に逆行する」と論じている。アナン国連事務総長は、憲章の原則の擁護を強調し、「紛争解決には武力行使以外になすべきことがたくさんある」「国際的武力行使も必ず国連（総会）か安保理を通すこと」と指摘した。それは、総会で採択された「平和の文化に関する宣言」第一条（b）でも確認されたと言えよう。

戦争の制限・戦争の放棄の理念と国際法、国際平和機構について

第一に、その使用が「人類の滅亡」に至ることの確認（七八年第一回国連軍縮特別総会決議）にもかかわらず、また、「核兵器国」とすべての国家は「十分に確立した人道法および人道上の原則並びに国連憲章第二条第三項（紛争の平和的解決）および第四項（戦争を慎む）を遵守す」べきであるとの確認、とくに「核兵器の使用禁止に関する条約（案）」の採択（八二年第二回国連軍縮特別総会決議）にもかかわらず、米ソは、核戦争阻止、核兵器廃絶になんら効果的な措置とならない核実験禁止諸条約（六三年「部分的」、七四年「地下核実験」）と核兵器不拡散条約（七〇年）――〝アルコール中毒の父親が真っ赤な顔で息子に禁酒を説教する〟

と揶揄されるもの――を強調し、ひたすら国際世論に背を向けてきた。九二年一月、アメリカは「冷戦」への「勝利宣言」で核兵器の「劇的削減」を提案、呼応してロシアの核軍縮提案があり、九三年一月の米・ロ第二次戦略兵器削減条約（ＳＴＡＲＴⅡ）になるのだが、アメリカは核抑止論・先制核攻撃戦略を捨てない。中国、フランスは核実験を続けていく（九五、六年）。

核兵器禁止・廃絶を求める国際世論は広がり、高まる。九六年、国際司法裁判所は、決定的な結論は下せない、としつつも、核兵器の使用、威嚇について一般的に違法とする「勧告的意見」を出した。同年、世界一七カ国（米、ロ、日など）の元軍最高幹部六〇人が、核兵器の廃絶を求める声明を発し、東南アジア諸国連合外相会議は、核兵器禁止条約の締結を求めるコミュニケを出した。国連総会では包括的核実験禁止条約（ＣＴＢＴ）が採択され（未発効、資料２）、核兵器全面禁止・廃絶条約の早期締結の交渉開始を呼びかける決議も成立した（一一四カ国賛成、米は反対、日本棄権）。さらに、九八年にはスウェーデン、メキシコ、南アなど八カ国外相（新アジェンダ連合）が、核兵器廃絶のための共同行動を緊急に取ることを求める共同宣言を発し、九九年国連総会の決議を成立させている（資料３）。だが、九七年、米は「未臨界核実験」を強行し、翌年はインド、パキスタンが相次いで地下核実験を強行し、核兵器国に入っていく。ロシアもまた二〇〇〇年五月、ＳＴＡＲＴⅡを批准しながら、核抑止戦略を再確認し、核先制使用を明確にした。

さて、こうした動向に対し、地球をおおう諸地域で核兵器を拒否することがすすむ。すでに、ラテン・アメリカ（トラテロルカ条約、二八カ国、六八年発効）、南太平洋地域（ラロトンガ条約、一二カ国、八六年発効）で成立していたが、九七年には、東南アジア非核兵器地帯条約（九カ国）が発効し（資料４）、アフリカ非核兵器地帯条約が成立した（九六年、未発効）。

さらに、粘り強いＮＧＯの運動に支えられ、一九七一年の細菌（生物）兵器禁止条約の成立を受けて、九三年、化学兵器禁止条約が成立した（九七年発効　資料5）。日本は、一九三七年から中国侵略戦争で毒ガスを使用したが（中国軍兵約八万を殺傷）、敗戦後中国各地に遺棄した約七〇万発を条約に基づき二〇〇七年春までに全面廃棄（処理）することが義務づけられた。

加えて、九九年三月、世界の六二カ国にいまも約一億個が埋設・放置され、毎週数百人が死亡している対人地雷を禁止・廃棄する条約もようやく発効した（資料6）。しかしアメリカ、中国などが加入を拒否している。日本政府は自衛隊保有の地雷の破棄を行うと言明した。

いま、小火器の「取引」（ライフル銃など五億丁が出回っている。内戦の犠牲者の九割が小火器による）をきびしく制限する条約の締結に向け世界のＮＧＯの運動が始まっている（前記のハーグ一〇原則の七項を見よ）。

第二に、この一〇年の世界諸国民のなかの人権・人道の理念の広がりと国際人道法のさらなる発展が注目されねばならない。それは、日本に過去の過ちを誠実に清算することを求めるものである。と同時に、現に行われている大国による武力行使（湾岸戦争、対ユーゴ戦争での劣化ウラン弾使用、高空からの無差別爆撃などを含む）や諸国内紛争（カンボジア、旧ユーゴ、東チモールなどにおける一般市民への暴行・虐殺、レイプ、追放など）における人道に対する罪を問い、謝罪・補償・処罰を求める権利の確定——国際刑事法廷の成立——に向かうものである。

国連・人権委員会は、国際人権・人道法に基づき犠牲者の新しい権利を確認した（九三年　テオ・ファン・ボーベン特別報告者の報告　資料7）。さらに、九六年、ラディカ・クマラスワミ「慰安婦問題」特別報告者の報告——日本政府に法的責任を負う、とするもの——を全会一致で採択した。九八年、重ねてゲイ・マクドゥーガル「戦時組織的強姦・性奴隷」特別報告者による、日本の「慰安婦」政策は「人道に対する罪であり、責任者の処罰、被害者への賠償が必要」との勧告が採択された（資料8）。

日本において、八〇年代以降、北海道・朱毬内《しゅまりない》、長野・松代《まつしろ》、高知・渡り川など全国各地にある朝鮮人・中国人の「強制連行・労働・虐待」の史実を掘り起こし、犠牲者を悼み、政府に過去の責任を誠実に清算することを求める運動がつづいている。高校生も参加している（平和・国際教育研究会編『平和のために　7』）。九〇年代に入り、日本軍の「慰安婦」政策による各国の犠牲者が、日本政府に反省と謝罪・名誉回復・補償・責任者の法的追及・教育による史実の継承を求め、提訴することをはじめ、その支援活動が続いている（九〇年サハリン残留韓国・朝鮮人の提訴・東京地裁以来、九八年在日台湾元軍属の提訴・宮崎地裁まで四一件　俵義文調査）。日本政府は、国際法（ハーグ条約戦争法規慣例）は戦争犠牲者個人への補償は規定していない、と言い、誠実な清算の態度を取ろうとしない（マクドゥーガル報告書を見よ）。

さて、九二年の旧ユーゴにおける「民族浄化」なる集団的な性暴力、九四年のアフリカ・ルワンダにおける子ども・女性を含む大量虐殺は、国際社会に衝撃を与えた。国連は、直ちに九三年に旧ユーゴ国際法廷（資料9）、九四年にルワンダ国際法廷を創設した。現在ただいまの非人道的行為への、国家元首をも免罪しない、法的追及が始まったのだ。

九九年、NATOユーゴ空爆のさなか、旧ユーゴ国際法廷にミロセビッチ・ユーゴ現大統領が人道法違反で告訴されている。一一月には、カナダ、フランスなど六カ国の法学者グループが、NATOのユーゴ攻撃を国連憲章・国際法の違反（主権国家への先制攻撃など）、戦時における文民の保護に関するジュネーブ条約の違反（高空からの空爆による一般市民の犠牲など）として旧ユーゴ法廷に提訴している。

第三に、九八年七月、国連・外交会議（ローマ）が、ついに国際刑事裁判所規程を採択したことである（賛成一二〇、反対七、棄権二一）。投票後、コンソ会議議長（イタリア）は、「国際社会が、『歴史の新しいページを開いた』と述べ、ディニ・イタリア外相はこの規程を『世界人権宣言を補完するもの』と評価した」

（藤田久一「国際刑事裁判所規程採択の意義と限界」『世界』九八・九）。

戦争犯罪責任を「ジェノサイド罪」「戦争・内戦における人道法違反」「戦争犯罪」「侵略の罪」として体系化し、国家元首を含め個人の責任を追及する、常設の、国連・国際刑事裁判所規程（資料10）が成立したのだ（特集「国際刑事裁判所の設立」『ジュリスト』九八・一二・一　参照）。

ところで、人権・人道の擁護に極めて熱心で、旧ユーゴ、ルワンダ、二つの国際法廷の安保理決議による創設の先頭に立ち、また人権・人道擁護には軍事力の行使を厭わないアメリカが、ローマ会議では「侵略の定義」はなお困難である、と主張し、核兵器を「禁止兵器リスト」に入れることに反対した。「侵略の罪」の明示（第五条2）は延期され、核兵器の「禁止兵器リスト」への明示は延期された（第八条2（b）⒇）。

ヘルムズ米上院外交関係委員長はこういっている。「米市民が告訴される可能性が理論的にでさえ存在するいかなる国際裁判所にも反対する」と。「唯一の超大国」として、その国益擁護、国際秩序のための武力関与・行使のいかなるものであれ、米兵（核のボタンを押す大統領も含まれる）が、「自分の上に立つ」独立した裁判所によって裁かれることは許されない、というのだ。アメリカはリビア、イスラエルなど六カ国とならんで規程採決に反対票を投じた。「諸国の批准をえて、効力を発生し、現実に機能する裁判所」になる「道はまだ遠い」といえる（前出　藤田論文）。

世界諸国民は、平和のための一層大きな輪を築き、二一世紀の早い時期にこの条約を成立させるよう努力をしなければならないのだ。

第四に、国際連合の改革という課題について。この一〇年、湾岸戦争と米・NATOのユーゴ先制攻撃、そしてアフリカ中央部などでの武力紛争、さらにこの間のすさまじい経済グローバリゼーションなどから、国際社会は、何を引き出し、国連と諸機関の改革をどう進めるのか。

一九八〇年代なかば、国連内部に設置されたグループが、米ソ対立の下で動かしがたい安保理事会の改革は措き、（1）総会の権威（政策決定における）を高める、（2）激化する経済、環境、人権、人道問題に積極的に取り組む国連へ（そのための経済社会理事会の強化）、（3）NGOの参加を積極的に保障する国連へ、などの改革を提起していた（ベルトラン報告書）。だが、米英などは、国連とその機関のユニセフ、ユネスコの積極的な活動にも反発していた。アメリカとイギリスは、八四、五年にユネスコを脱退した。平和、情報の自由などでの活動が政治的である、と。こんにちもアメリカは復帰していない。ユニセフのイニシアティブで九〇年に成立した子どもの権利条約に、世界で唯一、いまだに参加していない。莫大な額の分担金を敢えて滞納し続けながら、国連の機関である世界銀行・国際通貨基金（IMF）などを牛耳っている。

ともあれ、「冷戦」は崩れた。九二年、ブトロス＝ガリ国連事務総長は、「国連創設以来、世界で一〇〇回を越す大規模紛争があり、二〇〇〇万人の生命が奪われた。安保理での二七九回の拒否権の行使で国連は無力となった。だが、冷戦の終結により、拒否権は行使されず、国連も紛争の防止と解決に、平和の維持に中心的な役割をはたすものとなっている」と言い、「予防外交、平和創造、平和維持、平和建設」の活動の強化を提起した。「平和、民主主義および開発」を不可分のものとし、軍事費の削減、武器移動の縮小、貧困・非識字・病気と死亡率の減少、環境保全と持続的発展などの課題への取り組みが強調された（『平和への課題』『開発への課題』『平和の建設と開発』国連広報センター）。だが、力点を置いた「平和執行部隊」は、すぐにソマリア派遣（米海兵隊中心）で失敗した（九三年末撤退）。アメリカは国連を道具に、あるいは無視し、いまもイラクへの武力行使を続けている。九七年あらためて、アナン国連事務総長により包括的な国連改革案が提起された（『国連の再生、改革に向けたプログラム』）。

国連がいま直面している課題は、

（1）国際安全保障システムの再吟味・再確立であり（安保理常任理事国を戦勝五大国で独占すべきではない。加盟国の提供による国連部隊の創設を考えるなど）、
（2）多発する地域・民族紛争の防止・解決であり、また、
（3）世界の八億の貧困・失業、深まる社会不安・対立をなくしていく経済発展という深刻な課題を前にし、
（4）地球環境の破壊を押し止どめ、持続的発展を、という重大な責務があり、
（5）難民、移民の増大、麻薬、エイズの増大などに取り組むこと、そして
（6）自由・人権、民主主義、法の支配の拡大、
であることを明らかにした（藤田久一『国連法』東京大学出版会）。

この間、日本、ドイツそしてイタリアが大国として、また、南アメリカ・南アジア・アフリカの地域を代表する国が常任理事国入りをめざし、対立している。合意はまだない。

そして、二〇〇〇年四月、秋の国連ミレニアム・サミットへの報告書、アナン事務総長による、『われら人民　二一世紀　国連の役割』の提起になるのだ。そこでは、二一世紀において解決すべき課題として、
（1）「窮乏からの解放」（とくに経済グローバリゼーションのなかで増大する貧困、失業、増えるエイズなどへの対応）、
（2）「恐怖からの解放」（九〇年代、国家間の戦争は殆ど無かった。だが、民族紛争などで五〇〇万人の死者を出した。この地域・民族紛争への、憲章・国際法を踏まえての対応）、
（3）「われらの未来の持続を」（環境問題への積極的取り組み）
が不可分のものとして提示され、そのために必要な「国連再生」（グローバル化の世界に相応しい安保理の改革、国連と市民社会組織・NGOの関連強化など）が提起されている。いかなる合意を生みだすか。「われら連合国

の人民」（憲章前文）ではなく、世界の「われら人民」としての意見表明と監視の活動いかんがすべてを決めるだろう。

最後に、第五として、この一〇年を中心に、戦争を制限し、戦争を犯罪として廃絶するという理念と国連憲章・国際法、および非暴力の理念・歴史・方法についての教育に関して、国連とユニセフ・ユネスコにおいてどんな国際的合意（勧告・宣言・条約）が形成されてきているか、を押さえておこう。

一九七四年、ユネスコ「国際教育」勧告は、もっとも包括的な平和・国際教育の原則・観点を提起した。とくに具体的学習課題として「人類の主要問題」七項目をあげ、その（b）「平和の維持、諸種の様式の戦争とその原因および影響」のなかに「平和維持のための国際法の重要性」、（g）「（前記の）諸問題の解決のための努力についての国連の役割と活動」について、を提示していた（資料11）。

一九八〇年、ユネスコ主催軍縮教育世界会議が、その「軍縮教育一〇原則」において、初めて、第六原則で体系的な国連憲章・国際法、人権・人道法の学習を提示した（資料12）。

そして、九〇年、子どもの権利条約第二九条が、「教育の目的」として国連憲章の原則（第二条）を尊重するものの育成、を明記した（これらについては森田編著『平和教育についての宣言・勧告・条約集』によられたい）。

そうした国連憲章・国際法の知的理解とともに、それを底で支える、平和・非暴力の理念・価値・態度の育成について、八九年にユネスコ総会が支持を決議した、世界の著名な生物学者・心理学者による「暴力についてのセビリア声明」（八六年、資料13）、および九一年に刊行されたD・アダムス編『暴力についてのセビリア声明――平和構築の土台を準備しよう』（中等教育教材冊子）がある。とくに、冊子は、「ユネスコの立場」として、南アのアパルトヘイト廃絶のたたかいにおける、さらにガンディーとW・E・B・デュボイス、そしてマーティン・ルーサー・キングを貫く、民族自決と人権・民主主義のための非暴力のたたかいを支持し、その思想、歴史、方法の学習・継承を世界の中等教育の課題として提起した（資料14）。

そして、九九年秋の国連・平和の文化に関する宣言になるのだ（資料15）。

宣言第一条は、形成すべき価値観・態度・行動様式として、（a）「生命の尊重、非暴力の実践」、（b）「それぞれの国」の紛争・人道問題への関与は、「国連憲章・国際法にのっとり、その国の主権」を「十分に尊重すること」であり、国連を無視した武力行使は認められない、という国家主権の自覚と国連中心主義の意識化などを掲げている。また、第三条は、われわれが創出すべき平和で公正な国内、国際政治のありかた、社会体制、教育や文化のありかたを示した。たとえば、その（n）は、あらゆる形態での「外国の支配・占領（イスラエルのパレスチナ占領、アメリカの準州プエルトリコ、フランス領ポリネシア）からの人民の自決」の「完全な実現」をあげ、（l）は、あらゆる形態の「人種主義、外国人差別をなくしていくこと」を明記している。これらのすべてが、こんにちの平和・人権・発展にかかわる国際法・勧告・宣言に基づいて、たたかいとられてきたものであるし、これからの平和・非暴力の理念と国連憲章・国際法の教育の課題を示していることは言うまでもない。

日本において

一九九〇年代、政府は日本国憲法の法体制と矛盾・対立する、日米安全保障条約・自衛隊法の法体制を一段と強化した。九二年、国連平和維持活動協力法の施行（カンボジアへの自衛隊派兵）、九六年、日米首脳会談による「日米安全保障共同宣言——二一世紀に向けての同盟」（国会批准なしの事実上の安保改定）、九七年、日米政府間の新「ガイドライン」の決定、同年、米軍用地特別措置法改正、九九年、周辺事態法ほか二法改正、そして国旗国歌法・通信傍受（盗聴）法・住民基本台帳法改正（国民総背番号制）と続き、国会に第九条の改変をめざす憲法調査委員会を設置することが強行された。

米軍は、全国の空港・港湾などの軍事利用と、病院施設の調査、日米共同演習、全国各地での超低空飛行訓練を強行し、アメリカ政府は基地縮小・移転を名目に沖縄に強力な海兵航空隊新基地（運用年数四〇年・耐用年数二〇〇年―米国防総省）建設を図っている。常時臨戦体制化がすすんでいるのである。

ところで、周辺事態法の発動、つまりアメリカの国益のための、アメリカの戦争への兵站参加は、明らかに国連憲章・国際法の原則（国家主権の対等平等性、戦争を慎む、紛争の平和的解決など）への違反であり、国連・侵略の定義決議の違反（提供した基地を第三国にたいする侵略行為に使用することを許容する国家の行為）となる。当然、安保条約第五条に違反し、憲法第九条の違反となる。なお、沖縄の米軍基地の多くが、沖縄戦と引き続く米軍占領下に県民の私有財産である土地を没収したものであり、ハーグ条約戦争法規慣例（第四六条）の違反の上にあることも指摘されねばならない。

さらに、二〇〇〇年春、国会において、安保条約の下で、数次にわたり、「有事核兵器持ち込み」密約が交わされていることが明らかにされている。アメリカは核抑止戦略を堅持し、核攻撃を否定していない。アメリカの核攻撃・威嚇に基地の使用を許容することは、同盟国として侵略の定義、国際人道法の違反を問われる（国家元首も免責されない）ことは明らかである。核兵器の使用は、セント・ペテルスブルグ宣言いらいの国際法・国連憲章、とくにジュネーブ四条約と議定書などの違反となる（核兵器と国際法に関する世界法廷プロジェクト、九二年）。

世界は、日本の政府、とくに国民に、国連憲章・国際法の、とくに国際人道法の確定・発展に積極的であることを強く求めている。核兵器の禁止・廃絶と軍管理性奴隷、強制連行・労働、捕虜虐待などの犠牲者の権利の確定に対して、さらに国際刑事裁判所規程の成立・発効に向けていっそうの努力をしなければならない。

子どもたち・青年・学生すべてが、世界のどこで行われようと、国家主権を犯す侵略戦争、国際・国内紛争における集団的殺害（ジェノサイド）、人権・人道の侵害は、その場で、罪を問われ、法廷で裁かれ、国際の平和と正義が、そして一人ひとりの人権が保障される、という確固たる法意識の持ち主に育てられねばならない。

大国の覇権のもとでの安全は真の平和ではない。また、大国の大砲・ミサイルが秩序・法を生むのではない。人間の本性と人権・人道の感覚、理性に支えられた平和のための対話・相互理解、国際協力、そして非暴力のたたかいこそが、戦争を制約し・戦争を違法とする国際法と国際平和機構の下での秩序――法による支配――を築いていく、ということへの理解を励まさねばならない。

第Ⅱ部　資料編

〔資料について〕

一、要約・省略はすべて森田による。

一、国際条約・勧告・宣言・決議、平和思想論については、つぎのものに拠る。

＊大沼保昭・藤田久一編『国際条約集　二〇〇〇』（有斐閣）

＊藤田久一編『軍縮条約・資料集』（有信堂）

＊森田俊男編『平和教育についての宣言・勧告・条約集』（平和文化）

＊森田俊男編著『増補版　人類の良心・平和の思想』（平和文化）

一、国際法・国連決議について、くわしくは以下のものを参照されたい。

＊Human Rights A Compilation of International Instruments, Volume 1.1993

＊『創立五〇周年記念　国連年鑑　特別号―国連半世紀の軌跡―』（中央大学出版部）

【第1節】

※資料1　アメリカ独立宣言（一七七六年七月四日、コングレスにおいて一三のアメリカ連合諸邦の全員一致の宣言）

人類の発展過程に、一国民が、従来、他国民の下に存した結合の政治的紐帯を断ち、自然の法と自然の神の法とにより賦与される自立平等の地位を、世界の諸強国のあいだに占めることが必要となる場合に、その国民が分立を余儀なくさせられた理由を声明することは、人類一般の意見に対して抱く当然の尊重の結果である。

われわれは、自明の真理として、すべての人は平等に造られ、造物主によって、一定の奪いがたい天賦の権利を付与され、そのなかに生命、自由および幸福の追求の含まれることを信ずる。また、これらの権利を確保するために人類のあいだに政府が組織されたこと、そしてその正当な権力は被治者の同意に由来するものであることを信ずる。そしていかなる政治の形体といえども、もしこれらの目的を毀損するものとなった場合には、人民はそれを改廃し、かれらの安全と幸福をもたらすべしとみとめられる主義を基礎とし、また権限の機構をもつ、新たな政府を組織する権利を有することを信ずる。

永く存続した政府は、軽微かつ一時的の原因によっては、変革されるべきでないことは、実に慎重な思慮の命ずるところである。（略）しかし、連続せる暴虐と簒奪の事実が明らかに一貫した目的のもとに、人民を絶対的暴政のもとに圧倒せんとする企図を表示するにいたるとき、そのような政府を廃棄し、自らの将来の保安のために、新たなる保障の組織を創設することは、かれらの権利であり、また義務である。――これら植民地の隠忍した苦難は、まったくそういう場合であり、今やかれらをして、余儀なく、従前の政治形体を変改せしめる必要は、そこから生ずる。（以下略）

※資料2　アメリカ合衆国憲法修正一〇カ条（一七九一年）

修正第一条　連邦議会は、国教の樹立を規定し、もしくは宗教の自由な礼拝を禁止する法律を制定してはならない。また、言論および出版の自由を制限し、あるいは人民の平穏に集会する権利、ないし苦痛事の匡救に関し政府に請願する権利を侵す法律を制定してはならない。

修正第二条　規律ある民兵は、自由な国家の安全にとって必要であるから、人民の武器を保蔵しまた武装する権利は、これを侵してはならない。

修正第三条　平時においては、いかなる兵士も、所有者の同意なしには、何人の住居にも舎営させてはならない。戦時においても、法律の規定によるのでなければ、舎営させてはならない。

※資料3　フランス人および市民の権利宣言（一七八九年）

第一条　人は、自由かつ権利において平等なものとして出生し、かつ生存する。社会的差別は、共同の利益の上にのみ設けることができる。

第二条　あらゆる政治的団結の目的は、人の消滅することのない自然権を保全することである。これらの権利は、自由・所有権・安全および圧制への抵抗である。

※資料4　フランス共和国憲法（一八四八年）

前文

神の面前で、およびフランス人民の名において、国民議会は、つぎのように声明する。

Ⅴ

フランス共和国は、自国民を尊重させることを欲する故に、外国の国民を尊重し、征服を目的とするなんらの戦争を企図することなく、いずれの人民の自由に対しても、その実力を決して用いることがない。

（資料1～4＝高木八尺ほか編『人権宣言集』岩波書店）

※資料5　カント『永遠平和のために』（一七九五年）

第一章

この章は、国家間の永遠平和のための予備条項を含む

第一条項　将来の戦争の種をひそかに保留して締結された平和条約は、決して平和条約とみなされてはならない。

第二条項　独立しているいかなる国家（小国であろうと、大国であろうと、この場合問題ではない）も、継承、交換、買収、または贈与によって、ほかの国家がこれを取得できるということがあってはならない。

第三条項　常備軍（miles perpetuus）は、時とともに全廃させせなければならない。

なぜなら、常備軍はいつでも武装して出撃する準備を整えていることによって、ほかの諸国をたえず戦争の脅威にさらしているからである。常備軍が刺戟となって、たがいに無際限な軍備の拡大を競うようになると、それに費やされる軍事費の増大で、ついには平和の方が短期の戦争よりもいっそう重荷となり、この重荷を逃れるために、常備軍そのものが先制攻撃の原因となるのである。そのうえ、人を殺したり人に殺されたりするために雇われることは、（略）われわれ自身の人格における人間性の権利とおよそ調和しないであろう。

第四条項　国家の対外紛争にかんしては、いかなる国債も発行されてはならない。

借款制度は、国家権力がたがいに競いあうための道具としては、はてしなく増大し、しかもつねに当座の請求を受けないですむ安全な負債であるが（略）、これは危険な金力、つまり戦争遂行のための宝庫であって、（略）権力者の戦争癖と結びつき、永遠平和の最大の障害となるもので、これを禁止することは、永遠平和の予備条項の一つに数えられる必要があろう。

第五条項　いかなる国家も、ほかの国家の体制や統治に、暴力をもって干渉してはならない。

第六条項　いかなる国家も、他国との戦争において、将来の平和時における相互間の信頼を不可能にしてしまうような行為をしてはならない。たとえば、暗殺者（percussores）や毒殺者（venefici）を雇ったり、降伏条約を破ったり、敵国内での裏切り（perduellio）をそそのかしたりすることが、これに当たる。

永遠平和のための第一確定条項　各国家における市民

的体制は、共和的でなければならない。

永遠平和のための第二確定条項　国際法は、自由な諸国家の連合制度に基礎を置くべきである。

　各民族は自分たちの安全のために、それぞれの権利が保障される場として、市民的体制と類似した体制に一緒に入ることを他に対しても要求でき、また要求すべきなのである。これは国際連合と言えるが、しかしそれは当然諸民族合一国家ではないであろう。

永遠平和のための第三確定条項　世界市民法は、普遍的な友好をもたらす諸条件に制限されなければならない。

　ここでもこれまでの条項におけるのと同じように、問題とされているのは人間愛ではなく、権利であって、（略）外国人が他国の土地に足をふみ入れても、（略）その国の人間から敵意をもって扱われることはない、という権利のことである。（略）訪問の権利（略）は、地球の表面を共同に所有する権利に基づいて、たがいに交際を申し出ることができるといった、すべての人間に属している権利である。

（宇都宮芳明訳『永遠平和のために』岩波書店）

※資料6　エマーソン「人間の魂の求める平和——『戦争について』」（一八三八年）

「憎しみと同時に愛も存在しえないか？」という高尚な疑問が、地球の相違なる場所に住む幸福な魂の持ち主をつぎつぎに刺激してきた。……戦争と同時に平和も存在しえないものか？

　この思想は人間の発案、聖ピエルまたルソーの発案によるものではなく、人間の魂における一般的風潮のもりあがりである。

　戦争は最後の足をひきずっている。そして普遍的な平和の到来は、文明が野蛮さを圧倒し、自由主義的政治が封建制度を圧倒するように、確実に約束されている。ただわれわれにとって問題となるのは、どの程度早期に約束が果たされるかという点である。

　平和の動機は、卑怯の動機ではない。かりにぜいたくな人や臆病な人の安全をはかるために、平和が守られたり温存されようとするならば……そのような平和は卑しい平和である。いっそのこと戦争のほうが立派であり、平和は破られるだろう。もし平和が維持されるとすれば、それは勇気ある人びとによって維持されなければならない。それらの人びとは自分の生命を手中に握って行動し、正義のためにはいつでもそれを賭ける……しかも、他人の生命を求めない……彼らは知的洞察力または道徳の高揚によって、自己に内在する価値を感知しているから、財産や自己の肉体は、人間を羊として扱うように、正義をまげてまで救われるべき善いものであると考えない。……
「国際会議」設置の提案は、疑いもなく、現在のわれわれの社会機構と時局の動きがむかう方向である。……人間の心は、ひとたび正義の諸原理の支配を待つ準備ができれば、その意志を表現する方法を容易に見出すであろう。

（原島善衛訳『エマソン選集』日本教文社）

【第2節】

※資料1　赤十字条約（一八六四年）「戦地軍隊における傷者および病者の状態改善に関する条約」

第一条　戦地仮病院及ビ陸軍病院ハ局外中立ト見ナシ、患者モシクハ負傷者ノ該病院ニ在院ノ間ハ、交戦者之ヲ保護シテ侵スコトナカルベシ。
但シ、戦地仮病院及ビ陸軍病院ハ、兵力ヲ以テ之ヲ守ル時ハ、其局外中立タルノ資格ヲ失フモノトス。

第六条　負傷シ、又ハ疾病ニ罹リタル軍人ハ、何国ノ属籍タルヲ論ゼズ、之ヲ接受シ看護スベシ。
治療後、兵役ニ堪ヘズト認メタル者ハ、其ノ本国ニ送還スベシ。又、其ノ他ノ者ト雖モ、戦争中、再ビ兵器ヲ帯ビザル旨盟約シタル者ハ、其ノ本国ニ送還スベシ。

※資料2　サンクト・ペテルブルク宣言（一八六八年）

文明ノ進歩ハ出来得ル丈ケ戦争ノ危難ヲ軽減セサルヘカラサルコトヲ惟ヒ戦争ニ於テ国家カ遂ケント勉ムル唯一ノ正当ナル目的ハ敵ノ兵力ヲ弱ムルニ在ルヘキコトヲ惟ヒ
此ノ目的ヲ達センニハ成ルヘク数多ノ人ヲ戦闘外ニ置カハ則チ足ルヘキコトヲ惟ヒ
既ニ戦闘外ニ置カレタル人ノ苦痛ヲ無益ニ増大シ又ハ其落命ヲ必然ニスル兵器ノ使用ハ此ノ目的ノ範囲ヲ超ユルコトヲ惟ヒ
此ノ如キ兵器ノ使用ハ人道ニ反スルヲ惟ヒ
締盟者ハ其相互ノ間ニ戦争ヲ為スニ至ル場合ニ於テハ各其ノ軍隊又ハ艦隊ヲシテ量目四百「グラム」以下ニシテ爆発性又ハ燃焼性ノ物質ヲ充テタル発射物ヲ使用セシムル自由ヲ抛棄センコトヲ約ス

※資料3　毒ガスの禁止に関するへーグ宣言（一九〇〇年）

締盟国ハ、窒息セシムヘキ瓦斯又ハ有毒質ノ瓦斯ヲ散布スルヲ唯一ノ目的トスル投射物ノ使用ヲ各自ニ禁止ス。

※資料4　ダムダム弾の禁止に関するヘーグ宣言（一九〇〇年）

締盟国ハ、外包硬固ナル弾丸ニシテ其ノ外包中心ノ全部ヲ蓋包セス若ハ其ノ外包ニ截刻ヲ施シタルモノノ如キ人体内ニ入テ容易ニ開展シ又ハ扁平ト為ルヘキ弾丸ノ使用ヲ各自ニ禁止ス。

※資料5　陸戦ノ法規慣例ニ関スル条約・規則（一九一〇年）

陸戦ノ慣習ヲ制定スルヲ以テ目的トスル諸条規ヲ採用シタル第一回平和会議ノ事業ヲ或点ニ於テ補充シ、且精確ニスルヲ必要ト判定セリ。

締約国ノ所見ニ依レハ、右条規ハ、軍事上ノ必要ノ許ス限、努メテ戦争ノ惨害ヲ軽減スルノ希望ヲ以テ定メラレタルモノニシテ、交戦者相互間ノ関係及人民トノ関係ニ於テ、交戦者ノ行動ノ一般ノ準縄タルヘキモノトス。

一層完備シタル戦争法規ニ関スル法典ノ制定セラルルニ至ル迄ハ、締約国ハ、其ノ採用シタル条規ニ含マレサル場合ニ於テモ、人民及交戦者カ依然文明国ノ間ニ存立スル慣習、人道ノ法則及公共良心ノ要求ヨリ生スル国際法ノ原則ノ保護及支配ノ下ニ立ツコトヲ確認スルヲ以テ適当ト認ム。

締約国ハ、採用セラレタル規則ノ第一条及第二条ハ、特ニ右ノ趣旨ヲ以テ之ヲ解スヘキモノナルコトヲ宣言ス。

第一条〔軍隊に対する訓令〕締約国ハ、其ノ陸軍軍隊ニ対シ、本条約ニ附属スル陸戦ノ法規慣例ニ関スル規則ニ適合スル訓令ヲ発スヘシ。

第三条〔違反〕前記規則ノ条項ニ違反シタル交戦当事者ハ、損害アルトキハ、之カ賠償ノ責ヲ負フヘキモノトス。交戦当事者ハ、其ノ軍隊ヲ組成スル人員ノ一切ノ行為ニ付責任ヲ負フ。

条約附属書

陸戦ノ法規慣例ニ関スル規則

第一款　交戦者

第一章　交戦者ノ資格

第一条〔民兵と義勇兵〕戦争ノ法規及権利義務ハ、単ニ之ヲ軍ニ適用スルノミナラス、左ノ条件ヲ具備スル民兵及義勇兵団ニモ亦之ヲ適用ス。

一　部下ノ為ニ責任ヲ負フ者其ノ頭ニ在ルコト

二　遠方ヨリ認識シ得ヘキ固著ノ特殊徽章ヲ有スルコト

三　公然兵器ヲ携帯スルコト
四　其ノ動作ニ付戦争ノ法規慣例ヲ遵守スルコト
第三条〔兵力の構成員〕交戦当事者ノ兵力ハ、戦闘員及非戦闘員ヲ以テ之ヲ編成スルコトヲ得。敵ニ捕ハレタル場合ニ於テハ、二者均シク俘虜ノ取扱ヲ受クルノ権利ヲ有ス。

第二章　俘虜
第四条〔取扱〕俘虜ハ、敵ノ政府ノ権内ニ属シ、之ヲ捕ヘタル個人又ハ部隊ノ権内ニ属スルコトナシ。

俘虜ハ人道ヲ以テ取扱ハルヘシ。

第五条〔留置〕俘虜ハ、一定ノ地域外ニ出テサル義務ヲ負ハシメテ之ヲ都市、城寨、陣営其ノ他ノ場所ニ留置スルコトヲ得。

第六条〔使役〕国家ハ、将校ヲ除クノ外、俘虜ヲ其ノ階級及技能ニ応シ労務者トシテ使役スルコトヲ得。其ノ労務ハ、過度ナルヘカラス。又一切作戦動作ニ関係ヲ有スヘカラス。

俘虜ハ、公務所、私人又ハ自己ノ為ニ労務スルコトヲ許可セラルルコトアルヘシ。

国家ノ為ニスル労務ニ付テハ、同一労務ニ使役スル内国陸軍軍人ニ適用スル現行定率ニ依リ支払ヲ為スヘシ。

俘虜ノ労銀ハ、其ノ境遇ノ艱苦ヲ軽減スルノ用ニ供シ、剰余ハ、解放ノ時給養ノ費用ヲ控除シテ之ヲ俘虜ニ交付スヘシ。

第一八条〔宗教の自由〕俘虜ハ、陸軍官憲ノ定メタル秩序及風紀ニ関スル規律ニ服従スヘキコトヲ唯一ノ条件トシテ、其ノ宗教ノ遵行ニ付一切ノ自由ヲ与ヘラレ、其ノ宗教上ノ礼拝式ニ参列スルコトヲ得。

第三章　病者及傷者
第二一条〔取扱〕病者及傷者ノ取扱ニ関スル交戦者ノ義務ハ、「ジュネヴァ」条約ニ依ル。

第二款
第一章　害敵手段、攻囲及砲撃
第二二条〔害敵手段の制限〕交戦者ハ、害敵手段ノ選択ニ付、無制限ノ権利ヲ有スルモノニ非ス。

第二三条〔禁止事項〕特別ノ条約ヲ以テ定メタル禁止ノ外、特ニ禁止スルモノ左ノ如シ。
イ　毒又ハ毒ヲ施シタル兵器ヲ使用スルコト
ロ　敵国又ハ敵軍ニ属スル者ヲ背信ノ行為ヲ以テ殺傷スルコト
ハ　兵器ヲ捨テ又ハ自衛ノ手段尽キテ降ヲ乞ヘル敵ヲ殺傷スルコト
ニ　助命セサルコトヲ宣言スルコト
ホ　不必要ノ苦痛ヲ与フヘキ兵器、投射物其ノ他ノ物質ヲ使用スルコト

ヘ　軍使旗、国旗其ノ他ノ軍用ノ標章、敵ノ制服又ハ「ジュネヴァ」条約ノ特殊徽章ヲ擅ニ使用スルコト
ト　戦争ノ必要上万已ムヲ得サル場合ヲ除クノ外敵ノ財産ヲ破壊シ又ハ押収スルコト
チ　対手当事国国民ノ権利及訴権ノ消滅、停止又ハ裁判上不受理ヲ宣言スルコト

第二五条〔防守されない都市の攻撃〕防守セサル都市、村落、住宅又ハ建物ハ、如何ナル手段ニ依ルモ、之ヲ攻撃又ハ砲撃スルコトヲ得ス。

第二八条〔略奪〕都市其ノ他ノ地域ハ、突撃ヲ以テ攻取シタル場合ト雖、之ヲ掠奪ニ委スルコトヲ得ス。

第四三条〔占領地の法律の尊重〕国ノ権力カ事実上占領者ノ手ニ移リタル上ハ、占領者ハ、絶対的ノ支障ナキ限、占領地ノ現行法律ヲ尊重シテ、成ルヘク公共ノ秩序及生活ヲ回復確保スル為施シ得ヘキ一切ノ手段ヲ尽スヘシ。

第四六条〔私権の尊重〕家ノ名誉及権利、個人ノ生命、私有財産並宗教ノ信仰及其ノ遵行ハ、之ヲ尊重スヘシ。

私有財産ハ、之ヲ没収スルコトヲ得ス。

第四七条〔略奪の禁止〕掠奪ハ、之ヲ厳禁ス。

※資料6　D・ソロー「非暴力抵抗により自由と平和を」（一八四九年）

常備軍は常置政府が力をふるうための腕に過ぎない……。

現在のメキシコ戦争（一八四六〜四八年）をみるがいい。それこそ比較的少数の個人（奴隷所有者のこと）が、常置政府を自分たちの道具として用いて、やっている戦争である。

思うに、われわれは、まず第一に人間でなければならない。そして、そのあとで、公民でなければならないのだ。正義にたいする尊敬と同じ程度に、法律にたいする尊敬をあつくしようとするのは、望ましいことではない。

法律にたいする過度の尊敬から当然おこる、よくある結果は、兵隊の伍列、大佐、大尉、伍長、兵卒たち、弾薬運搬卒たち……が、見事に隊伍を整えて、丘を越え、谷を越えて、戦場に向って行進してゆく光景である。彼らは自分の意思に反して、そうだ、常識と良心とに反して、行進していく。

これがアメリカ政府のつくることのできる男なのだ。アメリカ政府は魔術を使って、人間をこのようにつくりあげることができるのだ。

自由を愛する者の避難所となろうとした国家の、六

分の一の人口が奴隷であり、全国土が外国軍隊による不当な侵略をうけ、征服され、軍政に従わされている場合は、誠実な人間が反逆し、革命をおこすべき時であって、時期尚早とは思わない。この革命の義務をいよいよ緊急なものとしている事情は、侵略を受けている国は、われわれの国ではなく、侵略軍がわれわれの国の軍隊であるという事実である。

私は躊躇なくいうが、奴隷制度廃止論者を自称する者たちは、ただちに、マサチューセッツ州政府にたいする、職務上また財政上の援助を、断呼として撤回すべきである。

（六年間税金を払わず、投獄されたが）私は公道税……の支払いを拒んだことはない。私が税金の支払いを拒むのは、徴税令書のなかの特定の項目のためではない……。私が払ったドルが人間を買ったり、人間を撃つための小銃を買ったりする……その行方に関係がある。実際、私は、私なりに、州にたいして静かに宣戦する。

（「市民の抵抗」『世界大思想全集』25　河出書房新社）

※資料7　W・E・B・デュボイス「あらゆる洗練された平和的方法で」（一九〇三年）

今日われわれは、以前にもまして学校における訓練――器用な手と鋭敏な目と耳の訓練、そして何よりも、天賦の精神と純潔な心のより広いより深いより高次の開発――を必要としている。われわれは、まったく自衛のために、投票用紙を必要としている。――いったいそれいがい何がわれわれを第二の奴隷制度から救えようか？　自由もまたわれわれが長く求めつづけ、今なお求めているものだ。身体生命の自由、労働し思索する自由、愛と理想を求める自由。労働・教養・自由――われわれは、このすべてを必要としている。だが、ひとつずつばらばらにではなく、ひとまとめに、つぎつぎにではなく、同時にだ。それぞれが次第に大きくなり、相互に助けあいながら、すべてが黒人人民の前方にちらついているより巨大な理想、すなわち人種の理想を結びつけることによって得られる人類連帯の理想にむかって奮闘する、そのような労働、教養、自由が、われわれには必要なのだ。すなわち他の人種に敵対したり、それを軽蔑したりするのでなく、むしろアメリカ共和国のいっそう偉大な諸理想に大きく自己を一致させて、黒人のさまざまな特質と才能を育成し掘りおこそうとする理想だ。そして、いつの日にか、アメリカの大地で、世界的な意義をもつ二つの人種が、双方に不幸にも欠けている特質を互いに与えあうようにしようとする理想だ。

棒と石と野獣がある民族をとりまく唯一の環境であった時代には、彼らの態度は、主として自然諸力に断固として対抗してそれを征服するという性質のものであった。しかし、天地と野獣の他に人間と観念という環境が加わった場合に、社会的に押しこめられた集団が取りうる主要な形態は三つある。一つは、反抗と復讐の感情。もう一つは、すべての思考と行動を多数集団の意見に順応させようとする試み。そして、最後に、自己をとりまく社会の意見がどうであろうと、自我実現と自己発展をめざす断固とした努力がそれである。

あらゆる洗練された平和的な方法によって、われわれは、世界が人間に与える諸権利をもとめて奮闘し、「祖父たち」の息子たちが忘れがちなあの偉大な言葉をゆるぎなく守らなければならない。「われわれは、次の真理を自明のことと考える。すなわち、すべての人間は平等に創造されたものであり、創造主によってゆずりわたすことの出来ない諸権利を与えられており、この諸権利には、生命、自由、幸福追求の権利がふくまれている」。

（木島始ほか訳『黒人のたましい』岩波書店）

【第3節】

※資料1 「平和布告」ジョン・リード『世界をゆるがした十日間』から（一九一七年）

レーニンが立って、演壇のテーブルの端をつかみ、数分間鳴りもやまないごうごうたる大喝采に一見茫然として、またたく小さな眼で群衆を見わたしつつ、待っていた。喝采がやむと、かれはかんたんにいった。

「第一になすべきことは、平和実現のための実際的手段を採用することである。……われわれは、無併合、無賠償、人民の自決権、というソヴェートの条件にもとづいて、全交戦国の人民に平和を提唱するであろう。同時にまた、われわれの約束にしたがって、秘密条約を公表し破棄するであろう。……戦争と平和の問題は、きわめて明白なので、私は前置なしに『全交戦諸国の人民への声明書』の文案を朗読してもよいだろうと思う。……」

微笑しているように見える彼の大きな口は、話すたびにひろく開いた。かれの声はシワがれていて……単調につづき、永久につづけてゆけるような感じをあたえた。

全交戦諸国の人民と政府への声明書

十一月六日と七日の革命によって創立されて、労働者・兵士・農民の代表者のソヴェートに基礎をおくところの、労働者農民の政府は、全交戦国の人民とその政府にむかって、公正で民主的な平和のための交渉を、即時開始することを提言する。

本政府は、戦争のために消耗枯渇された全交戦国の、労働者と農民の大多数が欲求しているところの、公正にして民主的な平和なる語によって、ツァーリの帝政を打倒して以後、ロシアの労働者と農民が決然断乎として要求してやまなかったところの平和、すなわち無併合（すなわち外国の領土を獲得せざる、他の民族を強制的に併合せざる）と無賠償の即時平和、を意味するものと考える。

本政府は、外国領土の併合または征服なる語によって弱小民族の同意と希望の表明なしに、それを一大強国に統合することのすべてを意味する。時期の如何、文化程度等の如何、または、ヨーロッパにあるか海外の遠い国にあるか、のことは不問に附する。

いずれの国民にせよ、もしも力ずくで或る国家の境界内に留められているならば、もしもその国民が表明した願望……にもかかわらず、当該国民が自由投票によって、当該国家の国家的存在形態の問題を決定する権利をあたえられていないならば、かかる併合は併合を、すなわち征服および暴力行為を、構成するものである。

強力富有なる諸国家をして、弱小被征服民族を分割領有させるために戦争を継続することは人類にたいする最大罪悪と見なされる。

重々しい拍手のひびきが消え去ったとき、レーニンはふたたび語をついだ。

「われわれは……休戦期間を三ケ月と定める……この血なまぐさい撲殺のあとで、諸国民にできるかぎり長い休息と、代表者の選出に十分な時間とを、あたえることを望んでいるのである……」。

カーメネフが、声明書に賛成の者はみんな名札を差上げてもらいたい、と要求したのは、きっかり十時三十五分であった。一人の代議員が反対の挙手をしようとしたが、周囲から突然おこった鋭いどなり声のため、あわてて手をひっこめてしまった。……満場一致可決。

突然、共通の衝動に駆られて、私たちは立ちあがった。（略）白髪まじりの一老兵が、子供のようにすすり泣いていた。……「戦争は終った！　戦争は終った！」と私のそばにいた一人のわかい労働者が、顔をかがやかせつつ言った。

（原光雄訳『世界をゆるがした十日間』岩波書店）

※資料2　ウィルソン「十四ヵ条」（一九一八年）

われわれがこの戦争に参戦したのは、権利の侵害が生じ、それがわれわれに痛切に響き、もしそれを是正し、又世界でその再発の惧が確実に防止され、保障されない限り、わが国民の生存を堪え難きものとしたからである。それ故、この戦争でわれわれが要求していることは、なにもわれわれにのみに関係することばかりではない。それは、世界が生存するために適し且安全なるものになるということである。（略）世界平和の計画すなわち唯一の実現可能なる計画と、われわれが考えているものは次の如きものである。

第一条〔秘密外交の排撃〕平和条約は、秘密裡に作製されてはならず、公開されなければならない。規約がつくられた後は、いかなる種類の国際的秘密協定もなさるべきでなく、且、外交は常にかくし立てすることなく公衆の面前で行われなければならない。

第二条〔公海自由の原則〕平時戦時をとわず、領海外の公海においては、絶対的な航行の自由が確立されねばならない。

第三条〔通商障壁の撤廃〕すべての経済的障壁は、出来得る限り除去されねばならない。又、平和に協力し平和の維持に相提携しようとするすべての国家内においては平等なる通商の条件が確立されねばならない。

第四条〔軍備縮少〕国家の軍備は、国家の安全に必要とされる最小限度まで縮少されるという適当な保障が相互に行わなければならない。

第五条〔植民地要求の調整〕植民地の主権問題を決定するに際して、当該植民地住民の利益が、将来その主権を決定さるべき政府の公正なる要求と平等の比重を持つべきであるという原則が厳重に遵守されること…。

第六条〔ロシアの回復〕すべての国の軍隊は、全ロシア地域から撤退しなければならない。又、ロシアに関するすべての問題の解決は、ロシア自身の政治的発展とその国策をかれら自身に自由に決定せしめるために、自由にして何らの妨害なき機会を、ロシアに得さしめ（略）、ロシアが必要とし、又欲するあらゆる種類の援助をも保証することが必要である。

第一三条〔ポーランドの独立〕ポーランド人のためには独立国家が建設されねばならない。（略）その国家の政治的経済的独立及び領土保全は国際的協約によって保障されねばならない。

第一四条〔国際連盟の結成〕大国たると小国たるとを問わず同様に、政治的独立と領土保全の相互的保障を行う目的のために、広く諸国家の連合組織が、特別の規約の下に形成されなければならない。

かくの如き協約や協定を得るために、われわれは喜んで、それが達成されるまで、戦い、又戦いつづけるだろう。

（『原典アメリカ史』第五巻　岩波書店）

※資料3　国際連盟規約（ヴェルサイユ平和条約第一編）（一九二〇年）

締約国ハ

戦争ニ訴ヘサルノ義務ヲ受諾シ、

各国間ニ於ケル公明正大ナル関係ヲ規律シ、

各国政府間ノ行為ヲ律スル現実ノ規準トシテ国際法ノ原則ヲ立シ、

組織アル人民ノ相互ノ交渉ニ於テ正義ヲ保持シ且厳ニ一切ノ条約上ノ義務ヲ尊重シ、

以テ国際協力ヲ促進シ、且各国間ノ平和安寧ヲ完成セムカ為、茲ニ国際連盟規約ヲ協定ス。

第一一条〔戦争の脅威〕一　戦争又ハ戦争ノ脅威ハ、連盟国ノ何レカニ直接ノ影響アルト否トヲ問ハス、総テ連盟全体ノ利害関係事項タルコトヲ茲ニ声明ス。仍テ連盟ハ、国際ノ平和ヲ擁護スル為適当且有効ト認ムル措置ヲ執ルヘキモノトス。

第一二条〔国交断絶に至る虞のある紛争〕一　連盟国ハ、連盟国間ニ国交断絶ニ至ルノ虞アル紛争発生スルトキハ、当該事件ヲ仲裁裁判若ハ司法的解決又ハ連盟理事会ノ審査ニ付スヘク、且仲裁裁判官ノ判決若ハ司法裁判ノ判決後又ハ連盟理事会ノ報告後三月ヲ経過スル迄、如何ナル場合ニ於テモ、戦争ニ訴ヘサルコトヲ約ス。

第一六条〔制裁〕一　第一二条、第一三条又ハ第一五条ニ依ル約束ヲ無視シテ戦争ニ訴ヘタル連盟国ハ、当然他ノ総テノ連盟国ニ対シ戦争行為ヲ為シタルモノト看做ス。他ノ総テノ連盟国ハ、之ニ対シ直ニ一切ノ通商上又ハ金融上ノ関係ヲ断絶シ、自国民ト違約国国民トノ一切ノ交通ヲ禁止シ、且連盟国タルト否トヲ問ハス他ノ総テノ国ノ国民ト違約国国民トノ間ノ一切ノ金融上、通商上又ハ個人的交通ヲ防遏スヘキコトヲ約ス。

※資料4　毒ガス等の禁止に関する議定書（一九二八年）

窒息性ガス、毒性ガス又はこれらに類するガス及びこれらと類似のすべての液体、物質又は考案を戦争に使用することが、文明世界の世論によって正当にも非難されているので、

前記の使用の禁止が、世界の大多数の国が当事国である諸条約中に宣言されているので、

この禁止が、諸国の良心及び行動をひとしく拘束す

る国際法の一部として広く受諾されるために、次のとおり宣言する。

締約国は、前記の使用を禁止する条約の当事国となっていない限りこの禁止を受諾し、かつ、この禁止を細菌学的戦争手段の使用についても適用すること及びこの宣言の文言に従って相互に拘束されることに同意する。

※資料5　不戦条約〔戦争抛棄ニ関スル条約〕（一九二九年）

第一条〔戦争放棄〕締約国ハ、国際紛争解決ノ為戦争ニ訴フルコトヲ非トシ、且其ノ相互関係ニ於テ国家ノ政策ノ手段トシテノ戦争ヲ抛棄スルコトヲ其ノ各自ノ人民ノ名ニ於テ厳粛ニ宣言ス。

第二条〔紛争の平和的解決〕締約国ハ、相互間ニ起ルコトアルベキ一切ノ紛争又ハ紛議ハ、其ノ性質又ハ起因ノ如何ヲ問ハズ、平和的手段ニ依ルノ外之ガ処理又ハ解決ヲ求メザルコトヲ約ス。

※資料6　侵略の定義に関する条約（一九三三年）

第二条〔侵略の定義〕次の行為の一を最初に行った国は、紛争当事国間に実施中の協定の留保の下に、国際紛争における侵略国として認められる。

一　他の一国に対する開戦の宣言

二　開戦の宣言がなくても、右の国の兵力による他の一国の領域への侵入

三　開戦の宣言がなくても、右の国の陸軍、海軍又は空軍による他の一国の領域、船舶又は航空機の攻撃

四　他の一国の沿岸又は港の海上封鎖

五　各自の所属領域において編成されて他の一国の領域に侵入した武装部隊に対する支援の付与、又は、被侵入国の要求があるにもかかわらず、右の武装部隊からすべての援助若しくは保護を奪うために、各自の領域においてなしうるすべての措置を執ることの拒絶

第三条〔弁解の禁止〕政治的、軍事的、経済的又は他のいかなる事由も、第二条で規定される侵入の弁解又は弁明の用に供せられてはならない。

【第4節】

※資料1　英米共同宣言〔大西洋憲章〕（一九四一年）

第一に、両者の国は、領土的たるとその他たるとを問わず、いかなる拡大も求めない。

第二に、両者は、関係国民の自由に表明する希望と一致しない領土的変更の行われることを欲しない。

第三に、両者は、すべての国民に対して、彼等がその下で生活する政体を選択する権利を尊重する。両者は、主権及び自治を強奪された者にそれらが回復されることを希望する。

第六に、ナチ暴政の最終的破壊の後、両者は、すべての国民に対して、各自の国境内において安全に居住することを可能とし、かつ、すべての国のすべての人類が恐怖及び欠乏から解放されてその生命を全うすることを保障するような平和が確立されることを希望する。

第八に、両者は、世界のすべての国民が、実際的および精神的のいずれの見地からみても、武力の使用の放棄に到達しなければならないと信ずる。陸、海又は空の軍備が、自国の国境外における侵略の脅威を与え又は与えることのある国々において引続き使用される限り、いかなる将来の平和も維持され得ないのであるから、両者は、一層広範かつ恒久的な一般的安全保障制度が確立されるまでは、このような国々の武装解除は欠くことのできないものであると信ずる。両者は、また、平和を愛好する国民のために、恐るべき軍備の負担を軽減する他のすべての実行可能な措置を援助し、かつ、助長する。

フランクリン・D・ルーズヴェルト
ウィンストン・S・チャーチル

※資料2　ポツダム宣言（一九四五年）

四　無分別なる打算に依り日本帝国を滅亡の淵に陥れたる我儘なる軍国主義的助言者に依り日本国が引続き統御せらるべきか、又は理性の経路を日本国が履むべきかを日本国が決定すべき時期は、到来せり。

五　吾等の条件は、左の如し。

吾等は右条件より離脱することなかるべし。右に代る条件存在せず。吾等は、遅延を認むるを得ず。

六　吾等は、無責任なる軍国主義が世界より駆逐せらるるに至る迄は、平和、安全及正義の新秩序が生じ得ざることを主張するものなるを以て、日本国国民を欺瞞し、之をして世界征服の挙に出づるの過誤を犯さしめたる者の権力及勢力は、永久に除去せられざるべからず。

七　右の如き新秩序が建設せられ、且日本国の戦争遂行能力が破砕せられたることの確証あるに至る迄は、聯合国の指定すべき日本国領域内の諸地点は、吾等の茲に指示する基本的目的の達成を確保する為占領せらるべし。

八　カイロ宣言の条項は、履行せらるべく、又日本国の主権は、本州、北海道、九州及四国並に吾等の決定する諸小島に局限せらるべし。

九　日本国軍隊は、完全に武装を解除せられたる後、各自の家庭に復帰し、平和的且生産的の生活を営むの機会を得しめらるべし。

一〇　吾等は、日本人を民族として奴隷化せんとし、又は国民として滅亡せしめんとするの意図を有するものに非ざるも、吾等の俘虜を虐待せる者を含む一切の戦争犯罪人に対しては、厳重なる処罰を加へらるべし。日本国政府は、日本国国民の間に於ける民主主義的傾向の復活強化に対する一切の障礙を除去すべし。言論、宗教及思想の自由並に基本的人権の尊重は、確立せらるべし。

一三　吾等は、日本国政府が直に全日本軍隊の無条件降伏を宣言し、且右行動に於ける同政府の誠意に付、適当且充分なる保障を提供せんことを同政府に対し要求す。右以外の日本国の選択は、迅速且完全なる壊滅あるのみとす。

※資料3　極東軍事裁判所憲章（一九四六年）

第五条　人並に犯罪に関する管轄

本裁判所は、平和に対する罪を包含せる犯罪に付個人として又は団体構成員として訴追せられたる極東戦争犯罪人を審理し、処罰するの権限を有す。

左に掲ぐる一又は数個の行為は、個人責任あるものとし、本裁判所の管轄に属する犯罪とす。

（イ）平和に対する罪　即ち、宣戦を布告せる又は布告せざる侵略戦争、若は国際法、条約、協定又は保証に違反せる戦争の計画、準備、開始、又は実行、若は右諸行為の何れかを達成する為の共通の計画又は共同謀議への参加。

（ロ）通例の戦争犯罪　即ち、戦争法規又は戦争慣例の違反。

（ハ）人道に対する罪　即ち、戦前又は戦時中為されたる殺戮、殲滅、奴隷的虐使、追放其の他の非人道行為、若は政治的又は人種的理由に基く迫害行為であって犯行地の国内法違反たると否とを問わず本裁判所の管轄に属する犯罪の遂行として又は之に関連して為されたるもの。

上記犯罪の何れかを犯さんとする共通の計画又は共同謀議の立案又は実行に参加せる指導者、組織者、教唆者及び共犯者は、斯かる計画の遂行上為されたる一切の行為に付、其の何人に依りて為されたるとを問わず責任を有す。

※資料4　国際連合憲章（一九四五年）

われら連合国の人民は、
われらの一生のうちに二度まで言語に絶する悲哀を人類に与えた戦争の惨害から将来の世代を救い、
基本的人権と人間の尊厳及び価値と男女及び大小各国の同権とに関する信念をあらためて確認し、
正義と条約その他の国際法の源泉から生ずる義務の尊重とを維持することができる条件を確立し、
一層大きな自由の中で社会的進歩と生活水準の向上とを促進すること
並びに、このために、
寛容を実行し、且つ、善良な隣人として互に平和に生活し、
国際の平和及び安全を維持するためにわれらの力を合わせ、
共同の利益の場合を除く外は武力を用いないことを原則の受諾と方法の設定によって確保し、
すべての人民の経済的及び社会的発達を促進するために国際機構を用いることを決意して、
これらの目的を達成するために、われらの努力を結集することに決定した。
よって、われらの各自の政府は、サン・フランシスコ市に会合し、全権委任状を示してそれが良好妥当であると認められた代表者を通じて、この国際連合憲章に同意したので、ここに国際連合という国際機構を設ける。

第一章　目的及び原則

第一条〔目的〕国際連合の目的は、次の通りである。
1　国際の平和及び安全を維持すること。そのために、平和に対する脅威の防止及び除去と侵略行為その他の平和の破壊の鎮圧とのため有効な集団的措置をとること並びに平和を破壊するに至る虞のある国際的の紛争又は事態の調整又は解決を平和的手段によって且つ正義及び国際法の原則に従って実現すること。
2　人民の同権及び自決の原則の尊重に基礎をおく諸国間の友好関係を発展させること並びに世界平和を強化するために他の適当な措置をとること。
3　経済的、社会的、文化的又は人道的性質を有する国際問題を解決することについて、並びに人種、性、言語又は宗教による差別なくすべての者のために人権及び基本的自由を尊重するように助長奨励することについて、国際協力を達成すること。
4　これらの共通の目的の達成に当って諸国の行動を調和するための中心となること。

第二条〔原則〕この機構及びその加盟国は、第一条に掲げる目的を達成するに当っては、次の原則に従って行動しなければならない。

1　この機構は、そのすべての加盟国の主権平等の原則に基礎をおいている。

2　すべての加盟国は、加盟国の地位から生ずる権利及び利益を加盟国のすべてに保障するために、この憲章に従って負っている義務を誠実に履行しなければならない。

3　すべての加盟国は、その国際紛争を平和的手段によって国際の平和及び安全並びに正義を危くしないように解決しなければならない。

4　すべての加盟国は、その国際関係において、武力による威嚇又は武力の行使を、いかなる国の領土保全又は政治的独立に対するものも、また、国際連合の目的と両立しない他のいかなる方法によるものも慎まなければならない。

5　すべての加盟国は、国際連合がこの憲章に従ってとるいかなる行動についても国際連合にあらゆる援助を与え、且つ、国際連合の防止行動又は強制行動の対象となっているいかなる国に対しても援助の供与を慎まなければならない。

7　この憲章のいかなる規定も、本質上いずれかの国の国内管轄権内にある事項に干渉する権限を国際連合に与えるものではなく、また、その事項をこの憲章に基く解決に付託することを加盟国に要求するものでもない。但し、この原則は、第七章に基く強制措置の適用を妨げるものではない。

第四章　総会

第一〇条〔総則〕総会は、この憲章の範囲内にある問題若しくは事項又はこの憲章に規定する機関の権限及び任務に関する問題若しくは事項を討議し、並びに、第一二条に規定する場合を除く外、このような問題又は事項について国際連合加盟国若しくは安全保障理事会又はこの両者に対して勧告をすることができる。

第五章　安全保障理事会

第二四条〔平和と安全の維持〕1　国際連合の迅速且つ有効な行動を確保するために、国際連合加盟国は、国際の平和及び安全の維持に関する主要な責任を安全保障理事会に負わせるものとし、且つ、安全保障理事会がこの責任に基く義務を果すに当って加盟国に代って行動することに同意する。

第六章　紛争の平和的解決

第三三条〔平和的解決の義務〕

1　いかなる紛争でもその継続が国際の平和及び安

全の維持を危くする虞のあるものについては、その当事者は、まず第一に、交渉、審査、仲介、調停、仲裁裁判、司法的解決、地域的機関又は地域的取極の利用その他当事者が選ぶ平和的手段による解決を求めなければならない。

2　安全保障理事会は、必要と認めるときは、当事者に対して、その紛争を前記の手段によって解決するように要請する。

第三四条〔調査〕安全保障理事会は、いかなる紛争についても、国際的摩擦に導き又は紛争を発生させる虞のあるいかなる事態についても、その紛争又は事態の継続が国際の平和及び安全の維持を危くする虞があるかどうかを決定するために調査することができる。

第三五条〔提訴〕1　国際連合加盟国は、いかなる紛争についても、第三四条に掲げる性質のいかなる事態についても、安全保障理事会又は総会の注意を促すことができる。

第七章　平和に対する脅威、平和の破壊及び侵略行為に関する行動

第三九条〔安全保障理事会の一般的権能〕安全保障理事会は、平和に対する脅威、平和の破壊又は侵略行為の存在を決定し、並びに、国際の平和及び安全を維持し又は回復するために、勧告をし、又は第四一条及び第四二条に従っていかなる措置をとるかを決定する。

第四〇条〔暫定措置〕事態の悪化を防ぐため、第三九条の規定により勧告をし、又は措置を決定する前に、安全保障理事会は、必要又は望ましいと認める暫定措置に従うように関係当事者に要請することができる。

第四一条〔非軍事的措置〕安全保障理事会は、その決定を実施するために、兵力の使用を伴わないいかなる措置を使用すべきかを決定することができ、且つ、この措置を適用するように国際連合加盟国に要請することができる。この措置は、経済関係及び鉄道、航海、航空、郵便、電信、無線通信その他の運輸通信の手段の全部又は一部の中断並びに外交関係の断絶を含むことができる。

第四二条〔軍事的措置〕安全保障理事会は、第四一条に定める措置では不充分であろうと認め、又は不充分なことが判明したと認めるときは、国際の平和及び安全の維持又は回復に必要な空軍、海軍又は陸軍の行動をとることができる。この行動は、国際連合加盟国の空軍、海軍又は陸軍による示威、封鎖その他の行動を含むことができる。

※資料5　植民地独立付与宣言〔植民地諸国、諸人民に対する独立付与に関する宣言〕（一九六〇年）

一　外国による人民の征服、支配及び搾取は、基本的人権を否認し、国際連合憲章に違反し、世界の平和と協力の促進に障害となっている。

二　すべての人民は自決の権利をもち、この権利によって、その政治的地位を自由に決定し、その経済的、社会的及び文化的発展を自由に追求する。

三　政治的、経済的、社会的または教育的準備が不十分なことをもって、独立を遅延する口実としてはならない。

四　従属下の人民が独立を完成する権利を、平和にかつ自由に行使しうるようにするために、かれらに向けられたすべての武力行動、またはあらゆる種類の抑圧手段を停止し、かつかれらの国土の保全を尊重しなければならない。

五　信託統治地域及び非自治地域、またはまだ独立を達成していない他のすべての地域において、これらの地域の住民が完全な独立と自由を享受しうるようにするため、なんらの条件または留保もつけず、その自由に表明する意志及び希望に従い、人種、信仰または皮膚の色による差別なく、すべての権力をかれらに委譲するために、早急な措置が講ぜられなければならない。

六　国の国民的統一及び領土保全の部分的または全体的な破壊をめざすいかなる企図も、国際連合憲章の目的及び原則と調和しない。

七　すべての国家は、平等、あらゆる国家の内政不干与、ならびにすべての人民の主権的権利及び領土保全の尊重を基礎とする、国際連合憲章、世界人権宣言、ならびに本宣言の諸条項を、誠実にかつ厳格に遵守しなければならない。

※資料6　友好関係原則宣言〔国際連合憲章に従った諸国間の友好関係及び協力についての国際法の原則に関する宣言〕（一九七〇年）

諸国間の友好関係及び協力に関する国際法の諸原則を検討して、

Ⅰ　次の原則を厳粛に宣言する。

〔国は、その国際関係において、武力による威嚇又は武力の行使を、いかなる国の領土保全又は政治的独立に対するものも、また、国際連合の目的と両立しない他のいかなる方法によるものも慎まなければならないという原則〕

すべての国は、その国際関係において、武力による威嚇又は武力の行使を、いかなる国の領土保全又は政治的独立に対するものも、また、国際連合の目的と両立しない他のいかなる方法によるものも慎む義務を有する。

侵略戦争は、平和に対する罪を構成するものであり、それに対しては国際法上の責任が存在する。

国は、国際連合の目的及び原則に従って、侵略戦争の宣伝を慎む義務を有する。

〔国は、その国際紛争を平和的手段によって国際の平和及び安全並びに正義を危くしないように解決しなければならないという原則〕

すべての国は、他の国との国際紛争を平和的手段によって国際の平和及び安全並びに正義を危くしないように解決しなければならない。

したがって、国は、その国際紛争の交渉、審査、仲介、調停、仲裁裁判、司法的解決、地域的機関又は地域的取極の利用その他当事者が選ぶ平和的手段による速やかかつ公正な解決を求める。

国際紛争の当事国及び他の国は、事態を悪化させ、かつ、国際の平和及び安全の維持を危くするおそれのあるいかなる行為も慎むものとし、国際連合の目的及び原則に従って行動する。

国際紛争は、国の主権平等に基づいてかつ手段の自由な選択の原則に従って解決する。

〔国際連合憲章に基づいて、いかなる国の国内管轄権内にある事項にも干渉しない義務に関する原則〕

いかなる国又は国の集団も、直接又は間接に、理由のいかんを問わず、他の国の国内又は対外の事項に干渉する権利を有しない。したがって、国の人格又はその政治的、経済的及び文化的要素に対する武力干渉及びその他いかなる介入若しくは威嚇の試みも、国際法に違反する。

〔国際連合憲章に基づいて、国が相互に協力すべき義務〕（略）

〔人民の同権及び自決の原則〕（略）

〔国の主権平等の原則〕

すべての国は、主権平等を享受する。当該国は、経済的、社会的、政治的その他の性質の相違にかかわらず、平等の権利及び義務を有し、国際社会の平等の構成員である。

※資料7　侵略の定義に関する決議（一九七四年）

第一条　侵略とは、一国による他国の主権、領土保全若しくは政治的独立に対する、又は国際連合憲章と両立しないその他の方法による武力の行使であって、この定義に定められたものをいう。

第三条　次に掲げる行為は、いずれも宣戦布告の有無にかかわりなく、（略）侵略行為とされる。

(a)　一国の軍隊による他国の領土に対する侵入若しくは攻撃、一時的なものであってもかかる侵入若しくは攻撃の結果として生じた軍事占領、又は武力の行使による他国の領土の全部若しくは一部の併合

(b)　一国の軍隊による他国の領土に対する砲爆撃、又は一国による他国の領土に対する武器の使用

(c)　一国の軍隊による他国の港又は沿岸の封鎖

(d)　一国の軍隊による他国の陸軍、海軍若しくは空軍又は船隊若しくは航空隊に対する攻撃

(e)　受入国との合意に基づきその国の領土内に駐留する軍隊の合意に定められた条件に反する使用、又は合意終了後の右領土内における当該軍隊の駐留の継続

(f)　他国の使用に供した国家の領土を、右他国が第三国に対する侵略行為を行うために使用することを許容する当該国家の行為

(g)　上記の諸行為に相当する重大性を有する武力行為を他国に対して実行する武装部隊、集団、不正規兵又は傭兵の国家による派遣、若しくは国家のための派遣、又はかかる行為に対する国家の実質的関与

第五条　政治的、経済的、軍事的又はその他のいかなる性質の事由も侵略を正当化するものではない。

侵略戦争は国際の平和に対する罪である。侵略は国際責任を生じさせる。

侵略の結果としての領土の取得又は特殊の権益は合法的なものでなく、かつ合法的なものとして承認されてはならない。

※資料8　世界人権宣言（一九四八年）

前文

人類社会のすべての構成員の固有の尊厳と平等で譲ることのできない権利とを承認することは、世界における自由、正義及び平和の基礎を構成するので、人権の無視及び軽蔑が人類の良心を踏みにじった野蛮行為をもたらし、また、人々が言論及び信仰の自由を有し、恐怖と欠乏から解放された世界の到来が人間の最高の願望として表明されたので、（略）

したがって、ここに、総会は、

すべての人民とすべての国民とが達成すべき共通の基準として、この世界人権宣言を公布する。

第一条〔自由平等〕すべての人間は、生まれながらに

して自由であり、かつ、尊厳と権利とにおいて平等である。人間は理性と良心とを授けられており、互いに友愛の精神をもって行動しなければならない。

第三条〔生命、自由、身体の安全〕すべての者は、生命、自由及び身体の安全に対する権利を有する。

第四条〔奴隷の禁止〕何人も、奴隷の状態に置かれ、又は苦役に服することはない。あらゆる形態の奴隷制度及び奴隷取引は、禁止する。

第五条〔非人道的な待遇又は刑罰の禁止〕何人も、拷問又は残虐な、非人道的な若しくは品位を傷つける取扱い若しくは刑罰を受けない。

第九条〔逮捕、抑留又は追放の制限〕何人も、恣意的に逮捕され、抑留され又は追放されない。

第一四条〔迫害からの庇護〕1　すべての者は、迫害からの庇護を他国に求め、かつ享受する権利を有する。

※資料9
戦地にある軍隊の傷者及び病者の状態の改善に関する千九百四十九年八月十二日のジュネーヴ条約〔第一条約〕（一九五〇年）
第二章　傷者及び病者
第一二条〔傷病者の保護〕次条に掲げる軍隊の構成員及びその他の者で、傷者又は病者であるものは、すべての場合において、尊重し、且つ、保護しなければならない。
それらの者をその権力内に有する紛争当事国は、それらの者を性別、人種、国籍、宗教、政治的意見又はその他類似の基準による差別をしないで人道的に待遇し、且つ、看護しなければならない。それらの者の生命又は身体に対する暴行は、厳重に禁止する。特に、それらの者は、殺害し、みな殺しにし、拷問に付し、又は生物学的実験に供してはならない。それらの者は、治療及び看護をしないで故意に遺棄してはならず、また、伝染又は感染の危険にさらしてはならない。
治療の順序における優先権は、緊急な医療上の理由がある場合に限り、認められる。
女子は、女性に対して払うべきすべての考慮をもって待遇しなければならない。
紛争当事国は、傷者又は病者を敵側に遺棄することを余儀なくされた場合には、軍事上の事情が許す限り、それらの者の看護を援助するためにその衛生要員及び衛生材料の一部をそれらの者に残さなければならない。

海上にある軍隊の傷者、病者及び難船者の状態の

改善に関する千九百四十九年八月十二日のジュネーヴ条約（第二条約）（一九五〇年）

第一二条〔海上傷病者及び難船者の保護〕次条に掲げる軍隊の構成員及びその他の者で、海上にあり、且つ、傷者、病者又は難船者であるものは、すべての場合において、尊重し、且つ、保護しなければならない。

捕虜の待遇に関する千九百四十九年八月十二日のジュネーヴ条約（第三条約）（一九五〇年）

第一三条〔人道的待遇、報復の禁止〕捕虜は、常に人道的に待遇しなければならない。抑留国の不法の作為又は不作為で、抑留している捕虜を死に至らしめ、又はその健康に重大な危険を及ぼすものは、禁止し、且つ、この条約の重大な違反と認める。特に、捕虜に対しては、身体の切断又はあらゆる種類の医学的若しくは科学的実験で、その者の医療上正当と認められず、且つ、その者の利益のために行われるものでないものを行ってはならない。

また、捕虜は、常に保護しなければならず、特に、暴行又は脅迫並びに侮辱及び公衆の好奇心から保護しなければならない。

第三四条〔捕虜の宗教的活動〕捕虜は、軍当局が定める日常の紀律に従うことを条件として、自己の宗教上の義務の履行（自己の宗教の儀式に出席することを含む）について完全な自由を享有する。

第五二条〔禁止労働〕捕虜は、自ら希望しない限り、不健康又は危険な労働に使用してはならない。

捕虜は、抑留国の軍隊の構成員にとっても屈辱的であると認められる労働には使用してはならない。

戦時における文民の保護に関する千九百四十九年八月十二日のジュネーヴ条約（第四条約）（一九五〇年）

第一四条〔病院・安全地帯の設定〕締約国は平時において、紛争当事国は敵対行為の開始の時以後、自国の領域及び必要がある場合には占領地区において、傷者、病者、老者、十五歳未満の児童、妊産婦及び七歳未満の幼児の母を戦争の影響から保護するために組織される病院及び安全のための地帯及び地区を設定することができる。

第一五条〔中立地帯の設定〕紛争当事国は、次の者を差別しないで戦争の危険から避難させるための中立地帯を戦闘が行われている地域内に設定することを、直接に又は中立国若しくは人道的団体を通じて、敵国に提案することができる。

(a) 傷者及び病者（戦闘員であると非戦闘員であるとを問わない）

(b) 敵対行為に参加せず、且つ、その地帯に居住す

る間いかなる軍事的性質を有する仕事にも従事していない文民

第一六条〔特別の保護・尊重〕傷者、病者、虚弱者及び妊産婦は、特別の保護及び尊重を受けるものとする。（略）

第一七条〔避難及び通過のための現地協定〕紛争当事国は、傷者、病者、虚弱者、老者、児童及び妊産婦を攻囲され、又は包囲された地域から避難させるため、並びにそれらの地域へ向うすべての宗教の聖職者、衛生要員及び衛生材料を通過させるため、現地協定を締結するように努めなければならない。

第三二条〔虐待・殺りくの禁止〕締約国は、特に、その権力内にある被保護者に肉体的苦痛を与え、又はそれらの者をみな殺しにするような性質の措置を執ることを禁止することに同意する。この禁止は、被保護者の殺害、拷問、肉体に加える罰、身体の切断及びそれらの者の医療上必要でない医学的又は科学的実験に適用されるばかりでなく、文民機関によって行われると軍事機関によって行われるとを問わず、その他の残虐な措置にも適用される。

第三三条〔連座刑・掠奪・報復の禁止〕被保護者は、自己が行わない違反行為のために罰せられることはない。集団に科する罰及びすべての脅迫又は恐かつによる措置は、禁止する。

りゃく奪は、禁止する。

被保護者及びその財産に対する報復は、禁止する。

第三四条〔人質の禁止〕人質は、禁止する。

第五〇条〔児童〕占領国は、国又は現地の当局の協力の下に、児童の監護及び教育に充てられるすべての施設の適当な運営を容易にしなければならない。

※資料10 国際的武力紛争の犠牲者の保護に関する追加議定書〔第一議定書〕（一九七八年）

第三五条（基本原則）

1　いかなる武力紛争においても、紛争当事国が戦闘の方法及び手段を選ぶ権利は、無制限ではない。

2　過度の傷害又は無用の苦痛を与える兵器、投射物及び物質並びに戦闘の方法を用いることは、禁止する。

3　自然環境に対して広範な、長期的なかつ深刻な損害を与えることを目的とする又は与えることが予想される戦闘の方法及び手段を用いることは、禁止する。

第三六条（新しい兵器）締約国は、新しい兵器、戦闘の手段及び方法の研究、開発、取得又は採用に当たっては、その使用が、この議定書又は当該締約国に適用される国際法の他の規則により特定の場合又はすべての場合に禁止されているかいないかを決定する義務を負う。

第五九条（無防備地域）１　紛争当事国が無防備地域を攻撃することは、手段のいかんを問わず、禁止する。（略）

第六〇条（非武装地帯）１　紛争当事国が取極により非武装地帯の地位を付与した地帯へ軍事行動を拡大することは、その拡大が取極の条件に違反する場合には、禁止する。（略）

非国際的武力紛争の犠牲者の保護に関する追加議定書〔第二議定書〕（一九七八年）

第四条（基本的保障）

１　敵対行為に直接参加せず又は参加することを止めた者は、すべて、その自由を制限されていると否とにかかわらず、身体、名誉並びに信条及び宗教的実践を尊重される権利を有する。それらの者は、すべての場合において、いかなる不利な差別も受けることなく、人道的に待遇しなければならない。皆殺しを命令することは禁止する。

２　前記の一般性を害することなく、第一項にいう人々に対してなされる次の行為は、いかなる時にも、また、いかなる場所においても、禁止されており、かつ、引き続き禁止されるものとする。

(a)　それらの者の生命、健康又は肉体的若しくは精神的福利に対する暴力、特に、殺人、並びに、拷問、傷害又はいずれかの形態の体罰のような虐待。

(b)　連座による処罰。

(c)　人質。

(d)　テロ行為。

(e)　個人の尊厳に対する侵害、特に、侮辱的で体面を汚す待遇、強姦、強制売いん、及びあらゆる形態のわいせつ行為。

(f)　奴隷売買及びあらゆる形態の奴隷待遇。

(g)　掠奪。

(h)　(a)から(g)までのいずれかの行為を行う旨の威嚇。

３　児童は、彼らが必要とする監護及び援助を与えられるものとし、また、特に、

(a)　児童は、その両親、又は両親が居ない場合には児童の監護に責任を負う者の希望に沿って、宗教的又は道徳的教育を含めて、教育を受けるものとする。

(b)　一時的に離散せしめられた家族の再会を容易

にするために、すべての適当な措置をとるものとする。

(c) 十五歳に達していない児童は、軍隊又は武装部隊に徴募してはならず、また、敵対行為に参加することを許してはならない。

※資料11　集団殺害罪の防止及び処罰に関する条約〔ジェノサイド条約〕（一九四八年）

第一条〔国際法上の犯罪〕締約国は、集団殺害が、平時に行われるか戦時に行われるかを問わず、国際法上の犯罪であることを確認し、これを防止し処罰することを約束する。

第二条〔定義〕この条約において集団殺害とは、国民的、民族的、人種的又は宗教的な集団の全部又は一部を集団それ自体として破壊する意図をもって行われる次のいずれかの行為をいう。

(a) 集団の構成員を殺すこと。

(b) 集団の構成員に重大な肉体的又は精神的な危害を加えること。

(c) 全部又は一部の身体的破壊をもたらすよう意図された生活条件を故意に集団に課すこと。

(d) 集団内の出生を妨げることを意図する措置を課すこと。

(e) 集団の子供を他の集団に強制的に移すこと。

第四条〔犯罪者の地位の不問〕集団殺害（略）を犯す者は、憲法上の責任ある統治者であるか、公務員であるか又は私人であるかを問わず、処罰される。

※資料12　戦争犯罪及び人道に対する罪に対する時効不適用条約（一九七〇年）

第一条〔戦争犯罪、人道に対する罪の定義〕次の犯罪にはその犯行の時期に関係なく時効は適用されない。

(a) 一九四五年八月八日のニュールンベルグ国際軍事裁判所条例において定義され、（略）特に戦争犠牲者保護のための一九四九年ジュネーヴ諸条約に列挙された〃重大な違反〃。

(b) 戦時に犯されたか平時に犯されたかを問わず人道に対する罪、それは、一九四五年八月八日のニュールンベルグ国際軍事裁判所条例において定義され、（略）確認された人道に対する罪、武力攻撃又は占領による追立て及びアパルトヘイト政策に基づく非人道的行為、並びに一九四八年の集団殺害罪の防止及び処罰に関する条約において定義された集団殺害罪。右の行為はその犯行の行われた国の国内法の違反を構成するか否かを問わない。

※資料13　軍縮大憲章（軍備の全般的な規制及び縮少を律する原則）（一九四六年）

3　原子力兵器及び現在と将来に大量破壊に応用できる他のいっさいの主要兵器を禁止し、それらの兵器を国家軍備から排除するという、また原子力、その他の近代科学的発見と技術的発達を平和的目的だけに利用することを保証するため、それらの国際管理を早期に確立するという、緊急の目的にとっての欠くことのできない手段として、

総会は、原子力委員会が、一九四六年一月二四日の総会決議第五項に規定された委任事項を迅速に実行することを促す。（略）

※資料14　非同盟諸国国家・政府首脳の宣言（一九六一年）

戦争が、今日ほど、重大な結果をもって人類に脅威を与えたことはかつてなかった。他方、人類が、国際諸関係における政策の一手段としての戦争を排除するために今日ほど自由に行使しうる強力な力をもったこともかつてなかった。

帝国主義の力は衰えつつある。

圧倒的大多数の人民は、諸国人民間の戦争が、時代錯誤であるのみならず、人類にたいする犯罪であるという事実をますます自覚しつつある。諸国人民のこのような認識は、国際諸関係の発展にたいして決定的影響力を行使しうるような大きな精神的力となりつつある。

参加国は、……平和共存の諸原則が「冷戦」およびありうる核による全面的破壊への唯一の代替物であると考える。したがって、これらの諸原則――これには、諸国人民の自決、独立、および経済的、社会的、文化的発展の形態と方法の自由な決定の権利がふくまれる――は、あらゆる国際諸関係の唯一の基礎とならなければならない。

参加者は、世界における非同盟地域の一層の拡大が世界をブロックへと全面的に分割する政策および冷戦政策の激化にたいする唯一のかつ不可欠の代替物であると考える。

会議参加者は、軍縮が人類にとって不可避的に必要なものであり、もっとも緊急の任務であると考える。この問題の根底的解決は、……軍備の現状〔核兵器の異常な蓄積〕においては緊急の必要となっているものであって、厳格かつ国際管理による全面・完全軍縮の方法によってはじめて達成されうるものであると考える。

全面・完全軍縮には、……軍隊、軍備、外国基地、

武器製造の廃絶および軍事訓練用施設・設備の廃絶がふくまれなければならないということを指摘する。また、これには熱核兵器および生物化学兵器の製造、占有、使用の全面的禁止ならびに国家領域内における大量殺りく兵器の運搬、貯蔵、作戦的使用のための設備、施設の廃絶がふくまれることを指摘する。

（岡倉古志郎編訳『非同盟運動基本文献集』新日本出版社）

※資料15　核兵器使用禁止決議（一九六一年）

国連総会は、（略）人間に不必要な苦しみをもたらす大量破壊兵器の使用が過去において、大多数の国が今も加盟国となっている一八六八年のセント・ペテルスブルグ宣言、一八七四年のブリュッセル会議宣言、一八九九年、一九〇七年のハーグ平和会議の条約、一九二五年のジュネーブ議定書などの国際宣言や拘束力ある協定によって人道の法と国際法の諸原則に反するものとして禁止されたことを想起し、

核・熱核兵器を使用すれば、前述の国際宣言や協定で人道の法に反し国際法上の犯罪であると宣言された兵器の使用よりもはるかに大規模な無差別の被害と破壊を人類とその文明にもたらすであろうことを考慮し、

核・熱核兵器のような大量破壊兵器の使用は、将来の世代を戦争の惨禍からまもり、その文化をまもり発展させることによって実現をはかるという国連設立の高い理想と目標を真向から否定することであると信じ、

一　以下のように宣言する。

(a)　核兵器・熱核兵器の使用は、国際連合の精神・文言及び目的に違反し、国連憲章の直接的な違反である。

(b)　核兵器・熱核兵器の使用は、戦争の範囲を超え、人類と文明に対し、無差別の苦しみと破壊を引き起こし、国際法規と人道法に違反するものである。

(c)　核兵器・熱核兵器の使用は、戦争に関与しない世界の諸国人民が、そのような兵器の使用によって引き起こされるすべての被害をこうむるが故に、単に敵のみならず、人類一般に対して向けられた戦争である。

(d)　核兵器・熱核兵器の使用するいかなる国も、国連憲章に違反し、人道の法に反して行動し、人類と文明に対する犯罪を犯しているものとみなされる。

※資料16　第一回国連軍縮特別総会最終文書（一九七八年）

総会は、以下のような軍縮特別総会最終文書を採択

する。

第二部　宣言

A　回顧と評価

11〔軍備競争の現状と安全保障への悪影響〕今日、人類は、最も破壊力の大きな兵器を大量に競争的に堆積していることから生じる自己破壊という前例のない脅威に直面している。現存の核兵器のみでも、地球上のすべての生命を破壊するのに十分な量をこえている。軍備競争、特に核軍備競争を停止させ逆行させる努力に失敗すれば、核兵器拡散の危険が増すだろう。しかしまだ軍備競争は続いている。

13〔真の平和と軍縮〕永続する国際の平和と安全は、軍事同盟による兵器の蓄積の上にうちたてることはできないし、また不安定な抑止のバランスによっても戦略的優位の理論によっても維持されえない。真の恒久的な平和は、国連憲章に規定された安全保障体制の効果的な履行、並びに国際協定又は相互垂範により究極的には効果的な国際管理の下における全面完全軍縮へと導くような軍備及び兵力の迅速かつ大幅な削減によってのみつくりだされる。

18〔軍縮か全滅か〕世界戦争――核戦争――の脅威を除去することは、今日の最もさしせまった緊急の任務である。人類は次の選択に直面している。すなわち、われわれは軍備競争を停止し軍縮を行わなければならない。さもないと滅亡に直面しなければならない。

B　目標と優先順位

19〔軍縮の究極目標と主要目的〕軍縮における諸国家の努力の究極の目標は、効果的な国際管理の下における全面完全軍縮である。軍縮の主要な諸目的は、人類の生存を確保し、戦争、特に核戦争の危険を除去することであり、戦争がもはや国際紛争の解決手段ではないようにし、国連憲章に規定されているように武力の使用及び威嚇が国際生活から除去されるようにすることである。

20〔核軍縮と核戦争防止〕これらの諸措置の中で、核軍縮と核戦争の防止の効果的な措置に最も高い優先度が与えられる。このために、核戦争の脅威を除去すること、核兵器とその運搬体系の完全な撤廃が達成されるまで核軍備競争を停止させ逆行させること、及び核兵器の拡散を防止することが肝要である。

21〔その他の大量破壊兵器、化学兵器〕これらとともに、その他の大量破壊兵器の開発、生産又は使用を禁止し防止するために協定その他の効果的な措置がとられなければならない。

※資料17　朝鮮独立宣言書（一九一九年）

われわれは、ここに朝鮮の独立と、朝鮮人民の自由民たるを宣言する。これをもって世界万邦につげ、人類平等の大義を明らかにし、これをもって子孫におしえ、民族独立を天賦の権利として永遠に保持させるものである。（略）全人類の共同共存共生の権利が、正当に発動したものであって、天下なにものといえども、これを阻止し、抑圧することはできない。（略）

ああ新しい天地は眼前に展開せられた。威力の時代はさって道義の時代はきた。（略）人道の精神は、まさに新しい文明の曙光を人類の歴史に投じはじめた。新しい春は世界にめぐりきたり、万物の蘇生を催進しつつある。

公約三章

一、われわれの事業は、正義、人道、生命尊重のための民族的要求、すなわち自由の権利を発揮するものであって、けっして排他的感情に逸脱してはならない。

一、最後の一人まで、最後の一刻まで、民族の正当なる意志を悠然として発表せよ。

一、いっさいの行動は、もっとも秩序を尊重し、吾人の主張と態度を、あくまで光明正大にせよ。

（山辺健太郎『日本統治下の朝鮮』岩波書店）

※資料18　マハトマ・ガンディー「最大の力—非暴力の五つの公理」（一九三五年）

a、非暴力は、人間としてできうる限りの完全な自己浄化を意味する。

b、人間対人間では、非暴力の力は、その暴力者が暴力を加えうる能力（意志ではなく）と完全に比例する。

c、非暴力は例外なく暴力にまさる。すなわち、非暴力者の意志のままになる力は、その人がもし暴力の人である場合にもつであろう力よりも常に大きい。

d、非暴力には敗北などというものはない。それに対して、暴力の果てはかならず敗北である。

e、非暴力の最終的な結果は——非暴力にこのような言葉が用いられてよければ——かならず勝利である。実際には、敗北の意識のないところには、勝利の意識もないのであるが。　（一九三五年一〇月）

（森本達雄訳『わたしの非暴力』1　みすず書房）

※資料19　マーチン・ルーサー・キング「非暴力者の十戒」（一九六四年）

牧師たちが説いた教義は、非暴力主義であった。……黒人は、腕力を振っては、自己の解放を勝ちとれないことを知っているだけでなく、腕力を振えば己の魂を滅ぼしてしまうと信じていたので、暴力には背を向けたのである。

初期のキリスト者たちがとった非暴力の抵抗が、ローマ帝国を揺るがしたことを、黒人はその育ってきた宗教的伝統によって、知覚していた。ボイコットや抗議方式による非暴力行動が、英国の専制政治をうち砕き……植民地を解放する基礎を築いたことを、アメリカ史から学びとっていた。……マハトマ・ガンジーとその継承者達の非暴力的実践がインドにある英帝国の砲火を沈黙させ、三億五千万以上の人民を植民地支配から解放した。

非暴力運動は臆病者の逃難所だという主張は、モントゴメリー闘争……バーミングハム闘争と、その英雄的でしばしば危険をともなう行動が、無言のうちに雄弁に反証を物語るにつれて、かげをひそめていった。抑圧された人民が、非暴力の旗じるしのもとに、進軍する軍勢にはせ参じるときには、強力な動機となるものがある。非暴力の軍勢には壮重な普遍的資質というものがそなわっている。

ここに、わたしは、自分が――心身ともに――非暴力運動を遵奉するものであることを誓います。したがって、つぎの十戒を守ります。

一、イエスの生涯と教えについて、毎日、黙想いたします。

二、バーミングハムでの非暴力運動は、正義と和解を目指すものであって、勝利を目指す運動ではないことを心に銘記いたします。

三、神は愛でありますから、歩くときも話すときも、愛をもって行動いたします。

四、すべての人間が自由になるための、神のみわざに役立ちますよう、毎日、祈ります。

五、すべての人間が自由になるためには、自分の個人的な願望を犠牲にいたします。

六、味方にたいしても、敵にたいしても、礼儀についての通常の規則を守ります。

七、他人のためにも、また世界のためにも、定期的な奉仕を行なうよう努めます。

八、こぶしからも、口からも、心から暴力を慎しみます。

九、正しい精神をたもち、肉体的には健康であるよう、努めます。

十、非暴力運動の指示と、示威運動の現場指導者の指示にしたがいます。

（中島和子・古川博己訳『黒人はなぜ待てないか』みすず書房）

【第5節】

※資料1　ハーグ・アピール市民平和会議――公正な世界秩序のための10の基本原則（一九九九年）

ハーグ市民平和会議は平和アピールのエッセンスをわかりやすく示すため、「公正な世界秩序のための10の基本原則」と題して以下のような10原則を発表した。

1　各国議会は、日本国憲法第九条のような、政府が戦争をすることを禁止する決議を採択すべきである。

2　すべての国家は、国際司法裁判所の強制管轄権を無条件に認めるべきである。

3　各国政府は、国際刑事裁判所規程を批准し、対人地雷禁止条約を実施すべきである。

4　すべての国家は「新しい外交」を取り入れるべきである。「新しい外交」とは、政府、国際組織、市民社会のパートナーシップである。

5　世界は人道的な危機の傍観者でいることはできない。しかし、武力に訴える前に、あらゆる外交的な手段がつくされるべきであり、仮に武力に訴えるとしても国連の権威のもとでなされるべきである。

6　核兵器廃絶条約の締結をめざす交渉がただちに開始されるべきである。

7　小火器の取引はきびしく制限されるべきである。

8　経済的権利は市民的権利と同じように重視されるべきである。

9　平和教育は世界のあらゆる学校で必修にすべきである。

10　「戦争防止地球行動」の計画が世界秩序の基礎になるべきである。

（森田俊男『平和の文化を育てよう』平和文化）

※資料2　包括的核実験禁止条約（一九九六年未発効）

第一条（基本的義務）

1　締約国は、核兵器の実験的爆発又は他の核爆発を実施せず並びに自国の管轄又は管理の下にあるいかなる場所においても核兵器の実験的爆発及び他の核爆発を禁止し及び防止することを約束する。

2　締約国は、更に、核兵器の実験的爆発又は他の核爆発の実施を実現させ、奨励し又はいかなる態様によるかを問わずこれに参加することを差し控えることを約束する。

※資料3　国連総会決議　核兵器のない世界へ―新たな課題の必要（一九九九年）

国連総会は、

核兵器の削減にかんする交渉が現在行き詰まっていることをさらに憂慮し、

圧倒的多数の諸国が、核兵器あるいはその他の核爆発装置を受け取らず、製造せず、あるいは取得しないという法的拘束力をもつ誓約をおこなったことに留意し、また、これらの誓約は、これら誓約に対応するものとして核保有国が核軍縮追求にむけた法的拘束力をもつ誓約をおこなったこととの関連においてなされたことを想起し、

国際司法裁判所が一九九六年の勧告的意見において出した、厳格で効果的な国際管理のもと、すべての面において核軍縮につながる交渉を誠意をもっておこない結実させる責務があるという全員一致の結論を想起し、

国際社会は新しい千年期を、核兵器の保有を無期限の将来にわたって合法だとみなすという見通しをもって迎えてはならないことを強調し、また、決意を持って核兵器の永久禁止および根絶へと前進することの緊急性を確信し、

1　核保有国にたいし、自国核兵器の速やかなかつ全面的な廃絶を達成し、加速された交渉のプロセスに遅滞なく参加するという明確な誓約をおこない、そうすることによりＮＰＴ第六条のもとでこれらの国が責任を負っている核軍縮を成し遂げるよう呼びかける。

3　核保有国にたいし、核兵器の全面廃絶へむかう過程にすべての核保有国五カ国が間断なく参加するために必要な措置をとるよう呼びかける。

5　これに関連して、核保有国に次の手段を早期に講ずるよう呼びかける。

—核兵器削減の不可分な一部として戦術核兵器を廃絶するために、戦術核兵器を削減すること。

—警戒態勢の解除および核弾頭の運搬手段からの除去の可能性と、その開始の可能性を検討すること。

—核兵器政策と核兵器態勢にさらなる検討を加えること。

—自国の貯蔵核兵器と貯蔵分裂性物質にかんする透明性を証明すること。

6　核兵器保有能力を持ちながら未だ核兵器の不拡散にかんする条約に加盟していない三カ国にたいし、明確かつ緊急にすべての核兵器開発あるいは配備の追求をやめ、地域と国際の平和と安全および核拡散の阻止と核軍縮にむけた国際社会のとりくみを足元から崩しかねないようなあらゆる行為を自制するよう呼びかける。

7　非核保有国として、核兵器の不拡散にかんする条約に無条件かつ遅滞なく加盟し、この条約への加盟から生じるすべての必要な措置をとることを、まだそうしていない国に呼びかける。

9　さらに、包括的核実験条約に無条件かつ遅滞なく調印し批准するよう、そしてこの条約が発効するまで核実験の一時停止を遵守するよう、まだそうしていない国に呼びかける。

20　核兵器のない世界は、普遍的で、多国間で交渉された法的拘束力を持つ協定もしくは相互に強化し合う一連の協定を包含する枠組を究極的に必要とすることを確認する。

※資料4　東南アジア非核兵器地帯条約（一九九七年）

第三条〔基本的義務〕

1　各締約国は、地帯の内外を問わず、いかなる場所においても次のことを行わないことを約束する。

(a)　核兵器を開発し、製造し若しくはその他の方法で取得し、保有し、又は、核兵器に対する管理を取得すること

(b)　何らかの手段により核兵器を配置し又は輸送すること

(c)　核兵器を実験し又は使用すること

2　各締約国はまた、その領域内において、他のいかなる国であれ次のことを行うことを許可しないことを約束する。

(a)　核兵器を開発し、製造し若しくはその他の方法で取得し、保有し、又は、核兵器に対する管理を取得すること

(b)　核兵器を配置すること

(c)　核兵器を実験し又は使用すること

3　各締約国はまた、次のことを行わないことを約束する。

(a)　地帯内のいかなる場所であれ、放射性物質若しくは放射性廃棄物を海洋に投棄し又は大気中に放出すること

(b)　第四条2(e)に規定する場合を除き、放射性物質若しくは放射性廃棄物を、他国の領域内又は他国の管轄の下にある陸地において処分すること

(c)　その領域内において、他国が放射性物質若しくは放射性廃棄物を、海洋に投棄し又は大気中に放出するのを許可すること

※資料5　化学兵器禁止条約（一九九七年）

第一条〔一般的義務〕

1　締約国は、いかなる場合にも、次のことを行わな

いことを約束する。

(a) 化学兵器を開発し、生産その他の方法によって取得し、貯蔵し若しくは保有し又はいずれかの者に対して直接若しくは間接に移譲すること。

(b) 化学兵器を使用すること。

(c) 化学兵器を使用するための軍事的な準備活動を行うこと。

(d) この条約によって締約国に対して禁止されている活動を行うことにつき、いずれかの者に対して、援助し、奨励し又は勧誘すること。

2 締約国は、この条約に従い、自国が所有し若しくは占有する化学兵器又は自国の管轄若しくは管理の下にある場所に存在する化学兵器を廃棄することを約束する。

3 締約国は、この条約に従い、他の締約国の領域内に遺棄したすべての化学兵器を廃棄することを約束する。

4 締約国は、この条約に従い、自国が所有し若しくは占有する化学兵器生産施設又は自国の管轄若しくは管理の下にある場所に存在する化学兵器生産施設を廃棄することを約束する。

5 締約国は、暴動鎮圧剤を戦争の方法として使用しないことを約束する。

※資料6 対人地雷禁止条約(一九九九年)

第一条〔一般的義務〕

1 締約国は、いかなる場合にも、次のことを行わないことを約束する。

(a) 対人地雷を使用すること。

(b) 対人地雷を開発し、生産し、生産その他の方法によって取得し、貯蔵し若しくは保有し又はいずれかの者に対して直接若しくは間接に移譲すること。

2 締約国は、この条約に従ってすべての対人地雷を廃棄し又はその廃棄を確保することを約束する。

※資料7 重大な人権侵害の被害者にたいする被害回復に関する提案(一九九三年)

特別報告者＝国連・差別防止、少数者保護小委員会テオ・ファン・ボーベン

一般原則

1 国際法の下で、いかなる人権侵害も被害者の被害回復にたいする権利を発生させる。少なくとも以下のことがらを含む人権と基本的自由の重大な侵害には格別の関心が払われるべきである。集団殺害、奴隷制および奴隷制類似行為、略式あるいは恣意的な処刑、拷問および残酷で非人道的もしくは品位を傷

つけるような取扱いまたは処罰、強制による失踪、恣意的かつ長期的な拘禁、住民の国外追放または強制的な移動、とくに人種または性別にもとづく組織的な差別。

2　人権および基本的自由を尊重し、また尊重を確保する国際法上の義務に違反した場合には、すべての国家が被害回復を行う義務を負う。

4　被害回復は、被害者の必要と、要望に応じるものでなければならない。それは侵害の程度と、結果として発生した被害とに比例するものでなければならず、以下の諸項を含むべきである——原状回復、賠償、更生、満足、再発防止保証。

5　国際法の下で犯罪となるようなある種の人権侵害にたいする被害回復には、違反者を訴追し処罰する義務が含まれる。処罰を受けないことは本原則に抵触する。

被害回復（Reparations）の諸型態

8　原状回復（restitution）は、人権侵害の以前に被害者に存在していた状況を、可能な限り再現するために提供されるべきである。原状回復は、なかんずく、自由、市民権または住居、雇用もしくは財産の回復を必要とする。

9　賠償（compensation）は、以下のような人権侵害の結果おこった何らかの経済的に評価可能な損失にたいして提供されるべきである。

(a)　肉体的または精神的被害。
(b)　苦痛、苦しみおよび感情的苦悩。
(c)　教育を含め機会を喪失したこと。
(d)　収入および収入能力の喪失。
(e)　更生のための合理的な医療その他の経費。
(f)　財産または事業にたいする被害。
(g)　社会的評判または尊厳にたいする被害。
(h)　救済を得るための法的、専門的援助にともなう合理的な費用および報酬。

10　更生（rehabilitation）は、被害者の尊厳と社会的評判を回復するための諸措置と同様、法的・医学的・心理的その他のケアとサービスを含めて提供されるべきである。

11　満足（satisfaction）と再発防止保証は以下を含めて提供されるべきである。

(a)　継続的な違犯行為の停止。
(b)　事実の検証と真相の全面的公開。
(c)　被害者のための宣言的判決。
(d)　事実の公的な認定と責任の受諾を含む謝罪。
(e)　違反に責任ある人物を裁判にかけること。
(f)　被害者を追悼し、敬意を表明すること。

(g) 教育のカリキュラムと教材に人権侵害に関する正確な記録を含めること。
(h) 以下のような手段による違反の再発防止。
(ⅰ) 軍および治安部隊にたいする効果的な文民統制を確保すること。

(ⅱ) 軍事法廷の管轄権を制限すること。

(ⅲ) 司法の独立を強化すること。

(ⅳ) 法的実務者と人権活動家の保護。

(ⅴ) 社会の各方面、とくに軍および治安部隊と、法施行関係官にたいし、人権訓練をほどこすこと。


(日本の戦争責任資料センター訳)

※資料8　国連人権小委員会　マクドゥーガル報告書付属文書「第二次世界大戦時に設置された『慰安所』についての日本政府の法的責任の分析」(一九九八年)

C、勧告

63　国連人権高等弁務官は、日本及びその他裁判権を有する所で日本の強姦所の設置に関する日本軍の行為に明らかに関与した残虐行為の実任者の訴追のために働くべきである。日本が今日生存する「慰安所」の責任者全員を探しだし、訴追する責任を十分に果たすように、また他の国家が同様にその裁判権内で犯罪者の逮捕と訴追に助力するためにできるだけのことをすべきである。(略)

64　人権小委員会は他の国連機関とともに一九九五年のアジア女性基金の創立を「歓迎」した。(略)しかしながら、アジア女性基金は「慰安婦」の悲劇の犠牲者だった女性個人へ公式で法的賠償を与えるという日本政府の責任を果たすものではない。(略)

66　適切な賠償水準は違反の重大性、規模、反復性、犯された犯罪の計画性、大衆の信頼を裏切った公務員の共犯の程度、経過した時間の長さ(金銭価値の喪失と救済の長期にわたる遅れが原因となる心理的な傷害)などを考慮して決められるべきである。(略)これらの要素に基づいて、十分な水準の賠償が遅延なく与えられるべきである。(略)

67　最後に、日本政府は少なくとも年に二回国連事務総長に「慰安婦」の確認、賠償の進展、並びに犯罪者訴追の進展状況を子細に記述した報告書を提出するよう求められるべきである。報告は日本語と朝鮮語の両方でも入手できるよう、また日本の国内、国外で活発に配布し、特に「慰安婦」自身に対して彼女たちが現在住んでいる国々で入手できるよう手配すべきである。

68　この報告書は日本政府が人権法と人道法の重大な

違反、そしてそれらは総合して人道に対する罪となるものに対して責任があると結論する。日本政府の反論は奴隷と強姦を禁止する基本的な人道的な法律への攻撃を含めて説得力を持たない。それは五〇年以上も前にニュルンベルグ戦争犯罪裁判で最初に反駁されたときにそうだったように今日でも同じく説得力がない。加えて日本の主張する第二次大戦に関連した請求権問題はすべて戦後に締結した平和条約と賠償協定で決着がついているという議論も同様に説得力がない。（略）

69　戦争終結後半世紀以上も経過しているのに、これらの請求に決着がついていないことはどれほど女性の命が過小評価され続けてきたかという強力な証拠である。（略）今や十分な救済（redress）を提供するために必要な最終措置が日本政府の肩にかかっている。

（日本軍「慰安婦」・強制労働国連NGO連絡会『資料　国連人権小委マクドゥーガル報告書』）

※資料9　旧ユーゴスラヴィア国際裁判所規程（一九九三年）

第一条〔国際裁判所の権限〕国際裁判所は、この規程に従い、一九九一年以後旧ユーゴスラヴィアの領域内で行われた国際人道法に対する重大な違反について責任を有する者を訴追する権限を有する。

第二条〔一九四九年のジュネーヴ諸条約に対する重大な違反行為〕国際裁判所は、一九四九年八月一二日のジュネーヴ諸条約に対する重大な違反行為、すなわち、関連するジュネーヴ条約に基づいて保護される者又は財産に対する次の行為を行い又は行うことを命令した者を訴追する権限を有する。

(a) 殺人
(b) 拷問又は非人道的待遇（生物学的実験を含む）
(c) 身体又は健康に対して故意に重い苦痛を与え又は重大な傷害を加えること。
(d) 軍事上の必要によって正当化されない不法かつ恣意的な財産の広範な破壊又は徴発
(e) 捕虜又は文民を強制して敵対する勢力の軍隊で服務させること。
(f) 捕虜又は文民から公正なかつ正式の裁判を受ける権利を奪うこと。
(g) 文民を不法に追放し、移送し又は拘禁すること。
(h) 文民を人質にすること。

第三条〔戦争の法規又は慣例に対する違反〕国際裁判所は、戦争の法規又は慣例に違反した者を訴追する権限を有する。その違反には、次のことが含まれるが、これらに限定されるものではない。

(a) 無用の苦痛を与えることを目的とする毒性の兵器その他の兵器を使用すること。

(b) 都市又は町村の恣意的な破壊を行うこと又は軍事上の必要によって正当化されない惨害をもたらすこと。

(c) 手段のいかんを問わず、無防備の町村、住宅又は建物を攻撃し又は砲撃すること。

(d) 宗教、慈善及び教育並びに芸術及び学術の用に供する施設、歴史上の記念建造物並びに芸術上及び学術上の作品を押収し、破壊し又は故意に損傷すること。

(e) 公共の又は私有の財産を略奪すること。

第四条〔集団殺害〕

1 国際裁判所は、2に規定する集団殺害を行った者又は3に掲げるその他の行為を行った者を訴追する権限を有する。

2 集団殺害とは、国民的、民族的、人種的又は宗教的集団の全部又は一部を破壊することを意図して行われる次の行為をいう。

(a) 集団の構成員を殺すこと。

(b) 集団の構成員の身体又は精神に重大な危害を加えること。

(c) 集団の全部又は一部の身体を破壊することを目的とする生活条件を当該集団に意図的に課すること。

(d) 集団内における出生を妨げることを意図する措置を課すること。

(e) 集団内の児童を他の集団に強制的に移送すること。

3 次の行為は、処罰するものとする。

(a) 集団殺害

(b) 集団殺害の共謀

(c) 集団殺害の直接かつ公然の扇動

(d) 集団殺害の未遂

(e) 集団殺害の共犯

第五条〔人道に対する犯罪〕国際裁判所は、武力紛争（国際的な性質のものであるかないかを問わない）において文民に対して直接行われた次の犯罪について責任を有する者を訴追する権限を有する。

(a) 殺人

(b) 殲滅

(c) 奴隷の状態に置くこと。

(d) 追放

(e) 拘禁

(f) 拷問

(g)　強かん

(h)　政治的、人種的及び宗教的理由による迫害

(i)　その他非人道的行為

※資料10　国際刑事裁判所規程（国際刑事裁判所に関するローマ規程）（一九九八年　未発効）

前文

この規程の締約国は、

すべての人民が共通の絆によって結ばれていること及び彼（女）らの文化がひとつの共有された遺産によってつなぎとめられていることを自覚し、並びにこの繊細な寄せ木細工がいかなる時でもこなごなになる可能性があることを懸念し、

今世紀に何百万人ものこども、女性及び男性が、人間の良心に深く衝撃を与え、想像を絶する残虐な行為の犠牲となったことに留意し、

そのような重大な犯罪が世界の平和、安全及び福利を脅かすものであることを認識し、

国際共同体全体が関心を有する最も重大な犯罪が罰せられることなく放置されてはならないこと、並びにその実効的な訴追が国内で措置をとること及び国際的な協力を強化することによって確保されなければならないことを確認し、

これらの犯罪を犯した者が処刑を免れている状態に終止符を打ち、もってそのような犯罪の防止に貢献することを決意し、

国際犯罪につき責任を負う者に対して刑事裁判権を行使することがすべての国の義務であることを想起し、

これらの目的のために並びに現在及び将来の世代のために、国際共同体全体にとって関心のある最も重大な犯罪に対する裁判権を有し、国際連合体制と連携する独立かつ常設の国際刑事裁判所を設立することを決意し、

国際正義の永遠の尊重とその実現を保証することを決意して、次のとおり協定した。

第五条〔裁判所の管轄に属する犯罪〕

1　裁判所の管轄権は国際共同体全体が関心を有する最も重大な犯罪に限定される。裁判所は、この規程に従って次の犯罪について管轄権を有する。

(a)　集団殺害罪

(b)　人道に対する罪

(c)　戦争犯罪

(d)　侵略の罪

2　裁判所は、侵略の罪については、この犯罪を定義しかつその犯罪に関する管轄権を裁判所が行使する条件を定める規定が、第一二一条及び第一二三条の

規定に従って採択された後に管轄権を行使する。このような規定は、国際連合憲章の関連する条項と両立するものでなければならない。

第六条〔集団殺害〕この規程の適用上、「集団殺害」とは、国民的、民族的、人種的または宗教的な集団の全部または一部を集団それ自体として破壊する意図をもって行われる次のいずれかの行為をいう。

(a) 集団の構成員を殺すこと。

(b) 集団の構成員に重大な肉体的または精神的な危害を加えること。

(c) 全部または一部の身体的破壊をもたらすよう意図された生活条件を故意に課すこと。

(d) 集団内の出生を妨げることを意図する措置を課すこと。

(e) 集団のこどもを他の集団に強制的に移すこと。

第七条〔人道に対する罪〕

1　この規程の適用上、「人道に対する罪」とは、文民たる住民に対して行われる広範なまたは組織的な攻撃の一部として、攻撃であることを了知して行われる次の行為のいずれかをいう。

(a) 殺人

(b) 殲滅

(c) 奴隷の状態に置くこと。

(d) 住民の国外追放または強制移送

(e) 国際法の基本的な規則に違反する拘禁その他の身体的自由の重大な剥奪

(f) 拷問

(g) 強姦、性的奴隷、強制売春、強制妊娠、強制不妊、またはそれらと同等に重大なその他のあらゆる形態の性的暴力

(h) 政治的、人種的、国民的、民族的、文化的、宗教的、3に定義されるような性的または国際法上許容されないと普遍的に認められるその他の根拠に基づく、特定の集団または団体に対する迫害であって、本項に規定されるいずれかの行為または裁判所の管轄に属するいずれかの犯罪に関連するもの

(i) 強制失踪

(j) アパルトヘイト罪

(k) 重大な苦痛または身体もしくは精神的もしくは肉体的な健康に対して重大な傷害を故意にもたらす類似の性格のその他の非人道的な行為（略）

第八条〔戦争犯罪〕

1　裁判所は、戦争犯罪に関して、特に計画もしくは政策の一部として行われた場合または大規模な当該犯罪の一部として行われた場合に、管轄権を有する。

2　この規程の適用上、「戦争犯罪」とは、次のものをいう。

(a)　一九四九年八月一二日のジュネーヴ諸条約の重大な違反行為、すなわち、関連するジュネーヴ条約の諸規定に基づいて保護される者または財産に対して行われる次の行為

(1)　殺人

(2)　拷問または生物学的実験を含む非人道的待遇

(3)　身体または健康に対して故意に重い苦痛を与えまたは重大な傷害を加えること。

(4)　軍事上の必要によって正当化されない不法かつ恣意的な財産の広範な破壊または徴発

(5)　捕虜その他の被保護者を強制して敵対する勢力の軍隊に服務させること。

(6)　捕虜その他の被保護者から公正なかつ正式の裁判を受ける権利を奪うこと。

(7)　不法に追放し、移送しまたは拘禁すること。

(8)　人質をとること。

(b)　国際法の確立された枠組みにおいて、国際的武力紛争に適用される法規及び慣例のその他の重大な違反、すなわち、次のいずれかの行為

(1)　文民たる住民全体または敵対行為に直接参加していない個々の文民を故意に攻撃の対象とすること。

(2)　民用物、すなわち軍事目標でない物を故意に攻撃の対象とすること。

(3)　人道的支援または国際連合憲章に基づく平和維持任務に関与する要員、施設、資材、部隊または車両を故意に攻撃の対象とすること。ただし、これらに対し武力紛争に関する国際法に基づいて文民または民用物に保護が与えられている場合に限る。

(4)　予想される具体的かつ直接的な軍事上の全般的な利益との関係において明らかに過剰な文民の生命の喪失もしくは傷害、民用物に対する損傷または自然環境への広範、長期的かつ深刻な損害を付随的に発生させることを了知して、故意に攻撃を開始すること。

(5)　手段のいかんを問わず、防守されておらず、軍事目標でない都市、村落、住宅または建物を攻撃しまたは砲撃すること。

(6)　武器を放棄しまたはもはや防護手段を持たずに自発的に投降した戦闘員に対する殺人または傷害

(7)　休戦旗、敵国もしくは国際連合の旗、軍用標章または軍服及びジュネーヴ諸条約の識別可能

な標章を不正に使用し、その結果死亡または深刻な傷害をもたらすこと。

(8) 占領国が、自国の文民たる住民の一部を占領地域に直接的もしくは間接的に移送すること、または占領地域の住民の全部もしくは一部を占領地域の中においてもしくは占領地域の外に追放または移送すること。

(9) 宗教、教育、芸術、科学もしくは慈善目的に供される建物、歴史上の記念物、病院及び傷病者が収容される場所を故意に攻撃の対象とすること。ただし、これらが軍事目標でない場合に限る。

(10) 敵対する当事者の権力内にある者の身体を切断することまたはその者に対する医学、歯学もしくは医療上の処置によって正当化されず、またその者の利益のために行われるものではなく、かつその者の死亡を引き起こしもしくは健康を著しく危うくするような種類の医学的もしくは科学的実験を行うこと。

(11) 敵対する国または軍隊に属する個人を背信的に殺害しまたは傷害を加えること。

(12) 助命が許されないことを宣言すること。

(13) 戦争の必要上やむを得ない場合を除き、敵の財産を破壊しまたは押収すること。

(14) 敵対する当事者の国民の権利及び訴権の消滅、停止または裁判での不受理を宣言すること。

(15) 戦争開始前に交戦国の軍務に服していた場合であっても、敵対する当事者の国民をその本国に向けられた作戦行動に参加するよう強制すること。

(16) 急襲によって占領した場合であっても、都市その他の地域から略奪すること。

(17) 毒または毒を施した兵器を用いること。

(18) 窒息性、毒性その他のガスおよびすべての類似の液体、物質または装置を用いること。

(19) 外包が硬い弾丸であって、その外包が中心をすべて蓋包しておらずまたはそれに切り込みを施してある弾丸のように、人体内において容易に開展しまたは扁平になる弾丸を用いること。

(20) その性質上過度の傷害もしくは不必要の苦痛を与え、または武力紛争に関する国際法に違反する本質的に無差別的な兵器、投射物及び物質並びに戦闘の方法を用いること。ただし、これらの兵器、投射物及び物質並びに戦闘の方法が、包括的な禁止の対象となり、かつ、第一二一条及び第一二三条に定める関連規定に従った改正により本規程の附属書に含まれる場合に限る。

(21) 個人の尊厳に対する傷害、特に、侮辱的で体面を汚す待遇を行うこと。

(22) 強姦、性的奴隷、強制売春、第七条2(f)に定義する強制妊娠、強制不妊またはジュネーヴ諸条約の重大な違反を構成するその他の形の性的暴力

(23) 特定の地点、地域または軍隊を軍事作戦から免れさせるため、文民その他の被保護者の存在を利用すること。

(24) 国際法に合致してジュネーヴ諸条約の識別可能な標章を用いる建物、材料、衛生部隊、及び輸送手段並びに要員を故意に攻撃の対象とすること。

(25) 生存に欠くことのできない物を奪うことにより、戦争の方法として故意に文民を餓死させること（ジュネーヴ諸条約に定める救済品の供給を故意に妨害することを含む）。

(26) 一五歳未満のこどもを国軍に徴募もしくは入隊させることまたは敵対行為に直接に参加させること。

※資料11 ユネスコ・国際理解、国際協力、国際平和のための教育、並びに人権、基本的自由についての教育に関する勧告（一九七四年）

人類の主要問題の研究

18 教育は、人類の存続および福祉をおびやかす主要問題（不平等、不正、力の使用を基礎とした国際関係など）を持続させ悪化させる諸条件の根絶、並びにこれらの問題の解決に役立ちそうな国際協力の諸方策の両方に向けられるべきである。したがって教育は学際的性質をもたざるをえないものとなり、次のような諸問題を取り扱うべきである。

a 諸民族の権利の平等と民族自決権

b 平和の維持、諸種の様式の戦争とその原因および影響。軍備縮小。軍事目的のための科学・技術の使用を禁止すべきこと、また平和と進歩のための科学・技術を使用すべきこと。国家間の経済的、文化的、政治的関係の性質と効果、並びにこれらの関係のためとくに平和維持のための国際法の重要性

c 難民の権利を含む人権の行使とその遵守を確保する行動。人種主義とその根絶。種々の形態の差別に対する闘い

d 経済成長、社会開発、およびこの両者と社会正義との関係。植民地主義と非植民地化。開発途上

にある国への援助の方法と手段。非識字根絶の闘い。病気と飢餓をなくす運動。生活の質の改善および健康の水準を可能な限り高めるための闘い。人口増加とこれに関する諸問題

e 天然資源の利用、管理および保存。環境汚染

f 人類の文化遺産の保存

g 前記の諸問題の解決のための努力についての国際連合組織の役割と活動方法並びにその活動の強化、促進の可能性

※資料12　ユネスコ主催軍縮教育世界会議・「軍縮教育10原則」（一九八〇年）

軍縮教育世界会議は、（略）軍縮教育は以下の原則と考察によってみちびかれるべきであると確信する。

2　軍縮の定義

軍縮教育のめざす軍縮は、一方的軍縮のイニシアティブを含めて、軍備の制限、管理、削減、そして最終的には効果的な国際管理のもとでの全般的完全軍縮をめざすいっさいの行動形態と理解することができる。それはまた、現在の武装民族国家のシステムを、戦争がもはや国家の政策の手段ではなくなり、諸国民が自分自身の未来を決定し、正義と連帯にもとづく安全のなかで生きるような計画的な非武装平和の新世界秩序へ変えることをめざす過程と理解することもできる。

6　実体的アプローチ

国際平和と安全にたいするアプローチとして

軍縮教育は、国連憲章にもとづく国際法の諸原則、特に、諸国の領土保全ないし政治的独立に対する威嚇ないし武力行使をつつしむこと、紛争の平和的解決、内政不干渉と自決を十分に考慮に入れるべきである。

軍縮教育はまた、人権の国際法そして武力紛争時に適用される国際人道法を参考として、非暴力的市民行動のような非軍事的防衛システムを含む、安全への代替アプローチを検討すべきである。

信頼を建設する諸措置、平和維持、紛争の非暴力的な解決、国際的暴力を統制するその他の方法など、国連の努力についての学習は、この点からみて特別な重要性をもつ。

軍縮教育のプログラムのなかで、良心的徴兵の拒否と殺人を拒否する権利に十分な注意が向けられるべきである。

軍縮教育は、個人的・集団的暴力の根源と軍縮とのかかわり合い、そして不平等と不正の諸要因を反映して現在の各国および国際的構造を特徴づける緊

張、危機、紛争、対立の客観的・主観的原因を、先入観なしに探求する機会を与えるべきである。

※資料13　暴力についてのセビリア声明（一九八六年）

前文　（略）暴力と戦争を正当化するために行われる科学の学説と資料の間違った利用は、いまに始まったことではなく、近代科学の成立以来のことです。たとえば、進化論は戦争だけでなく、人種絶滅、植民地主義、および弱者の抑圧を正当化するために利用されてきました。（略）

第一命題　私たちは、動物であった私たちの祖先から戦争をする性質を受け継いでいる――という言い方は、科学的には不正確です。

（略）戦闘行為は、他の動物には見出されない特別な人間的現象です。（略）何世紀にもわたって戦争に関与しなかった文化があります。また、ある期間頻繁に戦争を起こし、他の期間には全く起こさないという文化もあります。

第二命題　戦争あるいはその他の暴力行為は、私たち人間の本性の中に遺伝的にプログラムされている――という言い方は、科学的には不正確です。

遺伝子は神経系機能のあらゆるレベルに含まれていますが、それらが用意しているのは、生態的・社会的環境と接合してはじめて現実化する一つの発達潜力です。（略）

第三命題　人間の進化の過程では、攻撃行動は他の種類の行動より選択される傾向が強かった――という言い方は、科学的には不正確です。（略）

第四命題　人間は脳の中に「暴力中枢」をもっている――という言い方は、科学的には不正確です。

私たちは、事実、暴力的に行動する神経装置をもっていますが、しかしそれは内・外の刺激によって自動的に賦活されるわけではありません。（略）

第五命題　戦争は「本能」あるいはなにか単一の動機によって引き起こされる――という言い方は、科学的には不正確です。（略）

※資料14　ユネスコ編『暴力についてのセビリア声明――平和構築の土台を準備しよう』（一九九一年）

非暴力抵抗で平和・自由・正義を

暴力に関するセビリア声明は、たたかいと暴力の関係という重要な問いに応えていません。この問いに立ち向かうことなしに、セビリア声明のメッセージを教育することはできません。

暴力についてのユネスコの姿勢は明白です。ユネスコは、世界が、戦争のあからさまな暴力と、戦争を導くことになる、あからさまではないが制度的な暴力を回避することができるよう、文化的教育的要因を促進するために設立されたものです。（略）

ユネスコは、正義と自由のためのたたかいを言明していました。たとえば、南アにおけるアパルトヘイト制度――それは差別と非寛容と人種主義のもっとも残忍な現れである――を廃止するたたかいの前線に立っていました。たたかいと暴力の区別は、現代の偉大な指導者たちの心を深くとらえています。たとえば、ノーベル平和賞のＭ・Ｌ・キング牧師は、この道を次のようにさし示しています。

「非暴力の抵抗は、臆病者の方法ではない、それは抵抗である。（略）ガンジーがしばしば言ったことだが、臆病しか暴力にとってかわるものがないのなら、武器をとってたたかう方がよい。非暴力の抵抗者は、敵対者に対して肉体的に攻撃しないという意味で受け身であるが、彼の心と感情は常に積極的であり、常に敵対者に対して〝お前は間違っている〟と説き伏す努力をする。この方法は肉体的には受け身だが、精神的には図太く、積極的である。悪に対する受け身の無抵抗ではなく、悪に対する積極的な非暴力抵抗である。」

幾人もの人が、怒りのすべての表現を非難したとしても、キング牧師はそれに同意しないだろう。市民権と平和の指導者Ｗ・Ｅ・Ｂ・デュ・ボイスの生涯を記念するなかで、キング牧師はこう言っている。

「歴史は彼に教えた。民衆にとって怒りだけではだめだ。もっとも大事な仕事は、その怒りが変革の力になるように民衆を組織し、結集することだ」と。

どのようにセビリア声明を教えるか

次のいくつかのサジェスチョンは、ユネスコの平和と国際理解の教育の豊かな経験に立つものです。それらは、すでに進行中のどの教育プログラムの中でも統合されねばなりません。またそれらは、若者たちがすでに熱心にとりくんでいる平和と正義のための行動において統合されねばなりません。

つまるところ、人は読書や講義を聴くこと、または試験のために準備することよりもずっと多くのことを経験から学びます。

1　若者たちのいだく価値と関心について耳を傾け、知ろう。多くの若者たちは、平和のビジョンを築くうえで拠るべき価値についてすでに多くの信念をもっています。その価値とは、すべての諸国民、文化、文明、生活の価値と方法への理解と尊重ということであり、諸国民、諸民族のグローバルな相互依存の増大ということの意義であり、国際連帯と協力への必要性である。非常に多くの若者たちは、戦争の脅威や暴力について心配しています。そして彼らは、世界が不正義と戦争によって脅かされていることに腹を立てています。

3　行動をはげまそう。若者たちは、彼らの権利についてだけでなく、その義務をも意識しています。彼らは、自分のコミュニティ、国そして、大きく世界が直面している諸問題の解決に参加することをつねに準備しています。セビリア声明の学習は、行動と結びつけられねばなりません。行動をすることによって、若者たちは、彼らのいだく価値を実行することができるし、彼らの怒りを建設的な方法で表現することができます。彼らは、未来の構築に参加することによって恐怖をなくし、勇気をひきだすことができるのです。

（略）

※資料15　国連・平和の文化に関する宣言（一九九九年）

国連総会は、

国連憲章にうたわれている目的や原則を思い起こし、

ユネスコ憲章が「戦争は人の心の中で生まれるものであるから、人の心の中に平和のとりでを築かなければならない」と明示していることを思い起こし、

世界人権宣言やその他の国連の組織の国際的文書を思い起こし、

平和は単に争いがないということではなく、対話がはげまされて争いが相互理解と協力の精神で解決される、積極的で力強い参加の過程をふくむものであることを認識し、

冷戦の終結が平和の文化を強化する可能性を広げたことを認識し、

世界の多くの地域で暴力や紛争が続き、広がっていることに深い憂慮を表明し、

各国政府や国際的な組織そして市民社会が、新しい千年紀において平和の文化を促進して強めるという条項に基づいて、さまざまな運動を展開されるよう願い、ここに「平和の文化に関する宣言」を厳粛にかかげる。

第一条　平和の文化とはつぎにかかげるような価値観、態度、行動の伝統や様式、あるいは生き方のひとまとまりのものである。

(a)　教育や対話、協力を通して生命を尊重し、暴力を終わらせ、非暴力を促進し、実践すること。

(b)　国連憲章と国際法の精神にのっとり、本来それぞれの国の国内管轄権にある諸事態には、その国の主権や領土の保全、ならびに政治的な独立の原理を十分に尊重すること。

(c)　すべての人権と基本的な自由を十分に尊重し、その促進をすること。

(d) 紛争の平和的な解決に向けて責任を負うこと。
(e) 現代ならびに未来の世代が、開発と環境を享受できるように努力すること。
(f) 発展の権利を尊重し、その促進をすること。
(g) 女性および男性の平等の権利と機会均等を尊重し、その促進をすること。
(h) 表現や意見、情報の自由に関するすべての人の権利を尊重し、その促進をすること。
(i) 社会と国家のあらゆるレベルにおいて、自由、正義、民主主義、寛容、連帯、協力、多元主義、文化的多様性、対話、そして相互理解という原則をまもること。

そして、平和の文化は、平和に貢献する国内的そして国際的環境によってはげまされる。

第三条 平和の文化の十分な発達のためには、つぎのことが必要不可欠である。
(a) 紛争の平和的解決、相互尊重や相互理解、そして国際的協力を促進すること。
(b) 国連憲章や国際法のもとで国際的義務を果たすこと。
(c) 民主主義や発展やあらゆる人権と基本的自由の例外なき尊重とその遵守を促進すること。
(d) あらゆる階層の人びとが、対話と交渉、合意形成と対立の平和的な解決の技能を発達させること。
(e) 民主的諸制度を強化し、発展の過程への完全な参加を確立すること。
(f) 貧困と非識字を根絶し、国内および国家間の不平等を減少させていくこと。
(g) 持続可能な経済的、社会的開発を促進すること。
(h) 女性のエンパワーメントや意志決定のすべての段階で平等な参加を保障することによって女性にたいするあらゆる形態の差別をなくすこと。
(i) 子どもの権利の尊重と子どもの権利の促進と保護を強化していくこと。
(j) あらゆるレベルで情報の自由な流れが保障され、情報へのアクセスができること。
(k) 行政における透明性と責任性を強化すること。
(l) あらゆる形態の人種主義、人種差別、排外主義とその他の不寛容をなくしていくこと。
(m) 民族的、宗教的、言語的少数者をふくめ、すべての文明と人びとと文化の間の理解と寛容と連帯をすすめること。
(n) 外国の支配、または占領という植民地的あるいは他の形態のもとで生きる人びとをふくめ、すべての人びととの、国連憲章にかかげられ、国際人権規約に具体化されている自決への権利を完全に実現すること。それは一九六〇年一二月一四日の国連決議「植民地及びその人民の独立を認める宣言」にも盛り込まれている。

（森田俊男『平和の文化を育てよう』平和文化）

◆第Ⅲ部

戦争「違法化」へとすすむ世界の憲法と非核自治体運動

古川　純

1　戦争の「違法化」と憲法による戦争・武力行使の制限・禁止

戦争の違法化（「非合法化」）の歩み

一八世紀半ばの国際法学者ヴァッテルは、独立・平等の主権国家は相互に裁判官となることはできず、また双方を超える判定権者が存在しないことを理由に、交戦国は等しく戦争の合法性を主張できるという、無差別戦争観を説いた。これは勢力均衡論に基づき、戦争は戦争原因の正当性を問わず、国際法（国家間合意としての条約）による手続きに従って遂行されていれば合法的である、とするものであった（正戦論の否定）。

一九〇七年のハーグ平和会議で採択された「開戦に関する条約」「陸戦の法規慣例に関する条約」をはじめとする戦時国際法は、まさに戦争の手続き法を合意したものである。そのシステムのもとでは、各国は戦争の「合法性」を主張することができた。

同じハーグ平和会議で採択された「契約上の債務回収のためにする兵力使用の制限に関する条約」は、債務を回収するために債権国が債務国に対し兵力を行使することを禁じたが、特殊な例であるとはいえ国際条約によって戦争を制限する試みの始まりと評価しうるものであった。

第一次大戦前までの無差別戦争観を転換して戦争を違法化し、それまで当然と考えられていた国家の「戦争の自由」に制限を加えたのは、国際連盟規約（一九一九・六・二八　ヴェルサイユで署名、一九二〇・一・一〇　発効）および不戦条約（戦争抛棄に関する条約、一九二八・八・二七　パリで署名、一九二九・七・二四　発効）であった。

連盟規約が、原則として戦争を禁止しながら一定の場合には戦争を容認したのに対して、不戦条約は「国家ノ政策ノ手段トシテノ戦争」を放棄・否認しており、「戦争という制度そのもの」が一般的に禁止された意義は大きい（深瀬忠一『戦争放棄と平和的生存権』六九頁、一九八七、岩波書店）。

ここで歴史的に注目されるべきなのは、不戦条約の成立を促進したアメリカ合衆国における戦争違法化（「非合法化」）の思想と市民運動である。特にソルモン・O・レヴィンソンによる「戦争の法的地位」（The New REPUBLIC、一九一八・三・九）の発表に始まる「戦争非合法化」（Outlawry of War）の思想と運動である（一九二一年に「戦争非合法化アメリカ委員会」を組織して活動、参照、深瀬・前掲書、七二—七三頁）。

連盟規約の上院における批准失敗とヨーロッパ主導の常設国際司法裁判所の不人気は、アメリカの平和市民運動活動家を新たな思考に向かわせた。レヴィンソンは先の小論の中で、法の形式に従った「合法的な戦争」という概念を批判し、必要なのは「戦争の法」ではなく「戦争を否定する法」である、と主張し、世界の再組織化にとって不可欠なのは、諸国民の法典による戦争の特別の非合法化（the specific outlawry of war）と国際的な裁判機関による裁決を実力によって執行しうる可能性である、と提案した。一九一八年から二六年にかけて発行された多数のパンフレットを背景として、「戦争の非合法化」というコンセプトは数年のうちにポピュラーなものとなり、キリスト教会諸団体や国際主義の諸団体の決議の中に登場するに至った。

レヴィンソンの考え方と平行してチャールズ・C・モリソンは、一九二七年出版の著作の中で「われわれは深遠な革命の渦中にある」といい、大戦の結果、戦争の悲惨を目の当たりにした人々の間に、戦争を自然現象でもなく、栄誉あるものでもなく、不可避でもないと考える、全く新しい良心と知性が生まれたことを強く指摘した（The Outlawry of War, 1927, Chicago）。

さらにW・E・ボーラー上院議員は、「戦争非合法化」上院決議案（ボーラー決議案）〈以下ゴシック体は資料編に入っているもの〉を四度にわたって提出した（一九二三・二・一四、一二・二〇、一九二六・一二・九、一九二七・一二・一二）が、同決議案は、紛争の解決方法としては戦争か法の手続きかの二者択一あるのみであり、重税の重荷と文明の破壊に導く戦争に反対する体系的法を勝ち得なければならないとしたが、それにはアメリカ合衆国の主権的諸州の紛争を解決してきた連邦最高裁判所をモデルにさらに発展させて、世界的な紛争を平和的に解決する国際最高裁判所を設立し、「戦争を非合法化」すべきだと訴えた（深瀬・前掲書、七四頁）。

こうして一九二〇年代のアメリカにおける「戦争の非合法化」市民運動は、国際連盟やその後の国際連合の集団的安全保障システムの方向ではなく、戦争を「人類に対する犯罪」ととらえ、その意味で戦争を「非合法化」する基本合意をつくる方向の選択を訴えた。このように諸国家間の紛争の平和的司法的解決を任務とし、諸国家がその義務的管轄を受け入れる国際司法機関の設置を追求するアメリカ「戦争の非合法化」市民運動の歴史的意義は、日本国憲法第九条の思想的源流の一つとして再認識することが必要であろう（参照、深瀬・前掲書八一頁・注［一三］、ボーラー決議案に注目し第九条の思想的源流を発見した久野収『憲法の論理』（一九六九、みすず書房）、および河上暁弘「日本国憲法第九条成立の思想――『戦争非合法化（outlawry of war）』思想を中心に――（下）」所収の「第四章　憲法起草当事者の背景にある民衆の思想――戦争『非合法化』思想」『専修法研論集』第二六号、二〇〇〇・三）。

憲法による戦争・武力行使の禁止と主権の制限

第二次大戦後に制定されたヨーロッパ諸国の憲法は、（1）征服・侵略戦争を禁止・放棄し、また（2）戦争の根拠になる主権の制限に同意する規定を定めている。

（1）に関してはまず、その典型的なタイプはフランス憲法である。一九四六年憲法は、一七九一年憲法や一八四八年憲法の規定を継承して征服戦争を放棄するが、一九四五年一〇月選出制憲議会提出の急進社会党人権宣言草案の中に、「生存の権利」を第一の人権としたうえで「生存の権利とは戦争の廃止を意味する」と定めたのが注目される。フランスのタイプはブラジル憲法にも受け継がれている。

また、不戦条約第一条後段の規定する「国家ノ政策ノ手段トシテノ戦争ヲ抛棄」という文言を継承した憲法として、一九三五年フィリピン憲法（一九八七年憲法に継承）がある。

さらにいっそう進んだタイプとして一九四七年制定のイタリア憲法があり、それは「他国民の自由を侵害する手段として、及び国際紛争を解決する方法として、戦争を否認」することを定める。これとは別のタイプの進んだ憲法に、一九四九年制定の（西）ドイツ・ボン基本法があるが、それは侵略戦争遂行準備行為を違憲とし処罰すると定める。

（２）に関しては、一九四六年フランス憲法（一九五八年憲法も継承）が「相互性の留保のもとに、フランスは平和の組織と防衛のための必要な主権の制限に同意する」と定め、イタリア憲法、ボン基本法も同様な規定をもつ。特にボン基本法は「相互的・集団的安全保障制度」への加入に言及していることに注目される。これは、国連憲章および集団的安全保障の「地域的取極め」（憲章五二条）への参加を憲法上で同意する措置であり、第二次大戦後の思考の変化を表す特色である。

これらとは異なってより徹底的な「戦争の非合法化」を前提に、特別な規範的発展を遂げたのが、一九四七年施行の日本国憲法前文（平和的生存権保障）および第九条（①一切の戦争・武力行使の放棄、②軍備・戦力不保持と交戦権否認）であるが、このうち常備軍の禁止を採択しているのが一九四九年施行のコスタリカ憲法である。中央アメリカのコスタリカは、一九四八年一二月の政府声明によって軍備放棄を宣言し、四九年一一月に非武装条項をもつ憲法を制定した。またコスタリカは、集団的自衛権を定めた米州相互援助条約（リオ条約）および地域的集団安全保障機構である米州機構（ＯＡＳ）の加盟国であるが、しかしリオ条約加盟の際に海外派兵の拒否を宣言しており、また国内的には治安警察隊を設けてはいるが、対外的な紛争処理はＯＡＳに委ねられている。このようにしてコスタリカは、一九四八年以来一貫して非武装を続け、八三年一一月に「永世・積極的・非武装」中立を宣言し、今日に至っている（参照、竹村卓「非武装中立の再検討――コスタ・リカの事例を中心として」『平和研究』第一五号、一九九〇・一一）。

また、国際条約・協定等に関して、それが核兵器等の使用・実験・貯蔵・処理を認めるものである場合に、国民投票の投票者の四分の三の特別多数による承認を要求する（事実上の非核条項）のは、一九八〇年制定のパラオ憲法である。パラオでは、一九八七年八月、アメリカからの一〇億ドルの経済援助の見返りとして非核条項の一部を修正する憲法改正国民投票が実施され、七二％の得票率でいったん改正案が採択された。これに対して反対派から提訴されていた憲法訴訟でパラオ最高裁は、一九八八年四月、憲法改正は総選挙時にかぎられること、国民投票は国会議員の七五％による発議を要するがそのための手続きを踏んでいないことなどを理由に、国民投票を違憲・無効と判示した。しかし、一九九三年実施の国民投票の結果、憲法の非核条項は凍結された。

非核兵器政策に関してはこのほかに、一九八六年フィリピン憲法があり、「国益に一致するものとして、領土内において非核政策を採用し、かつ、追求する」と定める。これを受けてフィリピン議会上院は、一九八八年に非核兵器法を可決したが、下院が反対したため有効な国法としては成立していない。ただしマニラ市は、一九八八年九月、非核マニラ条例を三度目の可決で立法化したことに注目したい。

なお、一九八六年二月のアキノ大統領誕生、マルコス元大統領の国外亡命、一九八七年二月の国民投票での新憲法承認を受けて、一九九〇年五月にフィリピン政府は基地問題に関する比米予備交渉で基地協定の終了を通告した。これによりアメリカは一九九一年七月、前月のピナツボ火山噴火もあってクラーク基地からの撤退を決定し、残るはスビック海軍基地の交渉となった。広範な反基地条約運動に支持された上院議員による上院外交委員会での反対決議採択があり、一九九一年九月、上院本会議で反対が賛成をわずかに上回って条約は拒否された。同年一二月、フィリピン政府は旧基地協定の終了を通告、九二年末における米軍の撤退が確定した。そして九二年一一月二四日、米軍はスビック海軍基地から完全に撤退したのであった（松宮敏樹『こうして米軍基地は撤去された！　フィリピンの選択』一九九六、新日本出版社）。

2　非核自治体宣言から条例へ

一九八〇年にイギリスのマンチェスターで始まった非核自治体運動は、世界中に広がった。現在日本では、全国の地方自治体のうち非核自治体宣言（資料として北海道・関東・近畿・九州・沖縄の各地域から八自治体の宣言文を収めた）をなんらかの形で行ったものの数は、二四五六にものぼり、全自治体の七割を超えるに至っている（一九九七年七月現在、「日本非核宣言自治体協議会」による、一九九九・八・一三 朝日新聞）。

これらのなかで、政治的宣言を超えて自治体の条例の形で核の規制・禁止に法的拘束力を与えるものはまだ現れていないが、市民の中には非核自治体宣言から非核平和都市条例に進む直接請求の動きもあり、東京都品川区や神奈川県藤沢市のように自治体の平和事業のために平和基金条例を制定したところもある。千葉県浦安市議会で一九九七年六月、核兵器禁止の国際条約を今世紀中に締結するよう求める決議を全会一致で採択したのが注目される（前掲・朝日新聞）。

自治体のほかに注目されるのは、国立名古屋大学が過半数の教職員・学生による批准署名のもとに、「戦争を目的とする学問研究と教育には従わない」など、前文および五項目からなる平和憲章を採択したことである（一九八七年二月五日）。その三年半前に同大学教養部学生集会で「非核大学宣言」が提案されたのが運動の発端であった（『非核自治体通信』二五号所収「ファイル」による）。

アメリカの非核条例（非核兵器シカゴ市条例）

アメリカ合衆国「核政策のための法律家委員会」（軍備制限と抑止政策の法律面についての分析と情報を政治

家・学者・市民に提供することを目的とした超党派の研究・教育団体、ニューヨーク）発行の小冊子『非核兵器環境の設計　モデル条例と条文解説』（マイケル・C・コーガン、一九八五）は、非核兵器条例のモデル文案を発表して非核兵器プロジェクトを進めてきた。

それを踏まえたと思われる非核兵器シカゴ市条例（一九八六・三）の場合、「核兵器産業への警察・消防等のサービスによる市の財政支出は職業訓練や児童・高齢者・身体障害者へのサービス、あるいは家のない人の保護や教育や公共住宅建設や健康管理あるいは公共輸送や緊急サービスや公共の安全等への支出を圧迫する」こと、「核兵器産業への製造・販売・サービス・教育・研究等という形での地元民間資本の投入は、食物や衣服や住宅や教育や健康管理や輸送や芸術や哲学やレクリエーションを含む人間の基本的必要のための財源を圧迫する」こと、「核兵器産業にともなう保障措置は、シカゴ市の未来に関する決定をしようとする時、市民に必要な情報の普及を不必要に制限し、恐怖や不信の雰囲気を作り上げる」こと、「シカゴ市における核兵器産業の存在は、市がテロや核攻撃の目標になるかもしれないという不安を増大させることによって公衆衛生にも脅威を与える」こと等を理由にあげて、核兵器事業の禁止と、シカゴ市長の設置する「シカゴ平和転換委員会」による社会的需要への財源の再配分を具体的に規定するものである。

アメリカはもちろん核武装国であるから、非核三原則（核兵器を持たない・持ちこませない・作らない）を「国是」としている日本の場合とは異なる厳しい状況の中で、非核兵器条例が制定されたことは注目すべきことである。こうした規制のあり方を直ちに日本の状況に応用することは適切ではないが、逆に非核三原則を有する日本であるからこそ自治体は住民のために核兵器問題に対するきわめて厳しい法的規制を定めることができるし、また定める責務があるということができるであろう。

3　憲法の平和的生存権保障と非核平和行政

自治体の責務

日本の自治体は、非核（核兵器禁止）のために自治体行政に対し法的に制約を加えることは可能であろうか。憲法上、地方自治体は住民を主権者としてその政治的意志にしたがった行政を行う地位にある。憲法前文は「平和のうちに生存する権利」（平和的生存権）の保障をかかげるが、自治体が国とならんで積極的に人々に対して平和保障を行うべき責務を負うのは、実はこの新しい憲法上の権利を住民に保障するためである。

これを地方自治法に即してみると、地方自治法は二条三項一号で自治体の事務の一つとして「住民及び滞在者の安全、健康及び福祉」をあげており、自治体はこれを根拠として条例による具体的な平和保障の定めを作ることが可能なのである。一見すると、平和保障のような、伝統的に国の安全とか防衛に関する事柄は国にのみ属する責務と見なされがちであるが、先に指摘したように国のレベルでも自治体のレベルでも平和保障は人々の平和的生存権という人権保障のためになされるのであるから、平和保障のための行政を国の専権事項とする考え方は、少なくとも日本国憲法の基本的立脚点とは相容れないものである。

さらに地方自治法は、自治体が処理しえない国の事務（国の専権事項）を列挙しているが（二条三項一〇号）、平和保障・安全保障・防衛・国防その他これに類似する項目は一切そこに定められていない。これは、憲法前文や第九条の基本的立脚点を反映していると考えられるのである。さらに「住民の安全、健康」の保障の責務は、「非核」を「核兵器の禁止」に限らず「核燃料使用の機器の製造・貯蔵・使用の禁止」にまで広げることを可能にしている。

住民運動が提案した東京都小平市の非核都市平和条例（案）は、市当局に対しこのような行為への協力を禁止する制度を定める道を開こうとした。非核平和宣言の段階にとどまっている中で、今後は自治体当局に対して核兵器に対する否定・拒否の政策を法的な拘束力のある条例によって一定の義務づけを及ぼすような非核自治体条例の制定が要請されるであろう。

「非核神戸方式」をめぐる攻防

一九七一年一一月二四日の衆議院本会議は、「非核兵器ならびに沖縄米軍基地縮小に関する決議」において、「非核三原則」を明確にした。それは、「政府は、核兵器を持たず、作らず、持ち込まさずの非核三原則を遵守するとともに、沖縄返還時に適切なる手段をもって、核が沖縄に存在していないこと、ならびに返還後も核を持ち込ませないことを明らかにする措置をとるべきである」とした。この原則は、ヒロシマ・ナガサキの被爆体験を基礎に今日まで「国是」と考えられてきた。

地方自治法二条三項四号は、港湾管理事務（ドック、防波堤、波止場、倉庫、上屋その他の海上輸送に必要な施設を設置・管理し、またはこれらを使用する権利を規制すること）を地方公共団体の自治事務としており、港湾法は関係地方公共団体を港湾管理者とし（二条一項など）、管理に必要な事項は当該地方公共団体で定めるとしている（一二条一項）。一九五〇年に制定された現行港湾法は、戦前に軍事利用された港湾の管理権を国から地方自治体に移したものであるが、この基本発想は、横須賀市・呉市・佐世保市・舞鶴市の旧軍港都市を「平和産業都市に転換することにより、平和日本実現の理想達成に寄与することを目的」に制定された旧軍港市転換法（一九五〇年四月制定、憲法九五条により住民投票が必要な地方的特別法として四市で住民投票に付され同年六月施行）にもあらわれている（参照、沢野義一「自治体による『協力』」山内敏弘編『日米新ガイドラインと周辺事態法』一九九九、法律文化社）。

自治体の中で、非核三原則を踏まえて、「核兵器を積載した艦艇の神戸港入港を一切拒否する」と決議したのが神戸市議会である。この決議と神戸市港湾条例（第三条・三六条）に基づき、神戸港に入港を希望する外国艦船は「非核証明書」の提出が義務づけられ、証明書の提出がない場合には、港湾管理者である市長は「入港許可」を発行しない措置をとるのである（参照、森英樹「非核証明書」『法学教室』一二四号、一九九九・五、浜川清「非核港湾条例と地方自治」『法律時報』七一巻六号、一九九九・六）。この条例にもとづき、一九七五年以来、核保有国フランスの三隻およびインドの一隻を含め一八隻の外国艦船が入港し、チリ海軍の練習用帆船を除きすべて事前に非核証明書を提出した。

しかし、日米ガイドライン関連法（周辺事態法など）の国会提出直後の一九九八年五月、カナダ海軍の補給艦の神戸港入港にあたって、神戸市がカナダ領事館に非核証明書の提出を要望し、外務省にも提出の働きかけを要請したが、これに対し外務省は神戸市に「カナダは核不拡散条約に調印しており、非核国だから非核証明書は不要ではないか」と伝え、結局神戸市は証明書なしで海軍補給艦の神戸入港を認めた（参照、中西祐人「非核神戸方式をめぐる最近の動き――高知県を中心に」『法と民主主義』三三六号　一九九九・二、三）。ただしこのカナダ軍艦が投錨したのは、神戸市の管理する埠頭ではなく、国の直接管理下にある自衛隊専用埠頭であった。これは「非核神戸方式」をすり抜けるものであった。

非核港湾化の試みとして大きな問題提起を行ったのは、高知県（橋本知事）であった。一九九九年二月、県港湾施設管理条例を改正して、同県の非核平和宣言（一九八四年）を踏まえた「港湾の非核平和利用に関する決議」（一九九七年一二月）とほぼ同じ趣旨の条文を付け加える提案が行われた。それは「第一条の二県は、港湾施設の管理に当たっては、国の基本政策である非核三原則を踏まえ、平和で県民に親しまれるように努めるものとする」というものである。さらに附属する「事務処理要綱」で、外国艦船の寄港にあたっては、①まず県知事が外務省に対して当該艦船が核兵器を積んでいないことを証明する文書の提出を要請し（外国艦船に直接非核証明書を要求する「神戸方式」とは異なり、国の外交権に配慮している）、②その結果に基づき県が港湾施設の使用決定を行う、と定めるものであった。これに対して外務省は、「外国艦船を入港させるかいなかは国の外交権限だ」として、さまざまな圧力があったため、条例改正案は継続審査となり、実質的には廃案となった（参照、浜川・前掲論文、朝日新聞一九九九・三・一五夕刊など）。

一九九八年から九九年の新ガイドライン関連法制定の動きの中で、アメリカのアジア太平洋地域における戦争への参加のため自治体を動員する周辺事態法に対抗して、小樽市・函館市・呉市・鹿児島県で、自治体当局や市民団体が「神戸方式」に注目し、それを導入しようとする動き（条例化や要綱制定など）が広がった（朝日新聞一九九九・二・五夕刊）。石垣市平和港湾宣言決議（一九九九・八・二六石垣市議会採択）もその例である。これを警戒して政府は、地方分権一括法の制定に隠れて港湾法を改正、港湾施設管理権者である自治体の首長に措置を義務づける規定を設けた。

「神戸方式」を国の非核政策に取り入れたのが、ニュージーランドの「非核地帯・軍縮・軍備管理法」である。これは、労働党ロンギ政権の下で制定されたが、今日もなお拘束力をもって運用されている（参照、デービッド・ロンギ［国際非核問題研究会訳］『非核ニュージーランドの選択』一九九二、平和文化）。

4 無防備地域宣言の可能性

軍事施設を拒否する無防備地域宣言

次に、国際条約に基づく自治体による無防備地域の宣言の可能性を考えてみよう。無防備地域（Non-Defended Localities）を根拠づける国際条約は、一九七七年の「一九四九年ジュネーブ条約追加議定書」第五九条であるが、日本政府はアメリカ政府と歩調を合わせているためか、いまだに加盟（調印）をしていない（追加議定書は署名国の間ではすでに発効している）。したがって、日本の自治体が無防備地域の宣言を行うのは、日本政府が将来追加議定書に加盟・批准を行うときに備えて（あるいはむしろ加盟・批准を求めて）法的な準備を整えておくことに、目下のところは比重があると言えよう。

そもそも無防備地域とは、戦争が何らかの理由で勃発し戦闘が行われているときに、一定地域を管轄する適当な当局（地方自治体も含む）が、非戦闘員たる人民（住民）の生命と安全を守ることを目的として、平和時からあらかじめ条約上の一定の要件（無防備地域）を充たすことを条件に、戦争（戦闘）当事国にその地域の戦闘からの自由と平和の保障を求めるものである。この宣言が効力を持つのは、条約加盟を果たした国の中にある適当な当局と条約に加盟している国々との間であるから、日本未加盟の状態では直ちにはいずれの国に対してであれ効力を発しない。

しかし重要なのは、無防備地域宣言の前提条件である追加議定書の定める要件を、各自治体が平和時から備えることである。自治体が条例を定めて無防備地域であるための要件を整えようとすることは、日本政府が条約に加盟することをアメリカとともに逡巡している状態でも可能であるし、平和保障のためにはむしろ望ましいのである（参照、林茂夫『戦争不参加宣言　国際人道法が保障する自治体にできる平和保障』一九八九、日本評論社）。

住民からの直接請求が議会で否決された例ではあるが、奈良県天理市の非核無防備平和都市条例（案）と東京都小平市の非核平和都市条例（案）がある。小平市の非核都市平和条例（案）は、追加議定書の定める要件を守るために、市に対し「防衛施設、防衛にかかわる営造物」（要するに軍事施設）の設置への協力を禁止し、現存するものが「小平市の平和と安全」に障害になる場合には撤去の努力をすることを義務づけている。また、市および市民が外国人に対し敵対行為を行うことを禁止し、「その他あらゆる軍事行動を支援する活動」を禁止している。

条例案は、住民の平和的生存権保障を目的として、「小平市非核都市宣言」を根拠に（憲法と地方自治法を当然の法的根拠として）非核化を法的拘束力ある方法によって実効あるものとし、さらに通常の武力紛争から自治体として離脱するための前提要件を「無防備地域宣言」のための国際条約の規定に依拠して定めようとする、まことに画期的なものであり、他の同じような問題関心を持つ自治体および住民のためのモデル条例案として高く評価されるべきであろう。平和時におけるこのような努力なくして、戦争時の突然の「無防備地域宣言」はありえないからである。

第Ⅲ部　資料編

【第1節】

※フランス憲法

「フランス国民は、征服を行なうことを目的とするいかなる戦争を企てることをも放棄し、かついかなる人民の自由に対してもその武力を決して行使しない」（一七九一年憲法六篇）

「フランス共和国は、その自由の維持、その領土の保全およびその同盟者の防衛のため以外には、武器をとらない」（一七九三年ジロンド憲法草案一三篇一条）

「フランス人民は、他国民の内政に決して干渉しない。彼は他国民が自らの内政に干渉することを決して甘受しない」（一七九三年ジャコバン憲法一一九条）

「フランス共和国は、自国民が尊重されることを欲するように、諸外国民を尊重する。また、征服を目的とするいかなる戦争も企てず、かついかなる人民の自由に対してもその武力を決して行使しない」（一八四八年第二共和制憲法前文五段）

「生存の権利はあらゆる人権中の第一の人権である。……生存の権利とは戦争の廃止を意味する」（一九四五年一〇月選出制憲議会提出急進社会党人権宣言草案平和関連条項）

「フランス共和国は、その伝統に忠実に、国際公法の諸原則に従う。共和国は、征服を目的とするいかなる戦争も企てず、かついかなる人民の自由に対してもその武力を行使しない。相互性の留保のもとに、フランスは平和の組織と防衛のため必要な主権の制限に同意する」（一九四六年一〇月第四共和制憲法前文一二・一三段）

「フランス人民は一九四六年憲法前文により確認され、補充された一七八九年宣言により規定されたような、人間の諸権利と国民主権の諸原則とに対する忠誠を厳粛に宣言する」（一九五八年第五共和制憲法前文冒頭）

※ブラジル憲法

国際紛争は、ブラジルが加盟している国際組織の協力の下に、直接交渉、仲裁及びその他の平和的手段によって、これを解決する。征服の戦争は禁止される。（一九六七年ブラジル連邦憲法七条。一九四六年・一九三四年憲法四条、一八九一年憲法八八条同旨）

※フィリピン憲法

「フィリピンは、国策遂行の手段としての戦争を放棄し、一般に受託された国際法の諸原則を国内法の一部として採用し、平和、平等、正義、自由、協調及びすべての国民との親善の政策を遵守する」（一九三五年フィリピン憲法、一九四六年改正憲法（二条三項）、一九七三年改正憲法を経て継承、一九八七年新憲法二条二項）。

※イタリア憲法

一一条

イタリア国は、他国民の自由を侵害する手段として、及び国際紛争を解決する方法として、戦争を否認し、他国と互いにひとしい条件の下に、諸国家の間に平和と正義とを確保する秩序にとって必要な主権の制限に同意し、この目的を有する国際組織を推進し、助成する。（一九四七年一二月公布、一九四八年一月発効）

※ドイツ・ボン基本法（一九四九年五月）

二四条

（一）連邦は、法律により、主権的諸権利(Hoheitsrechte)を、国際機関に移譲することができる。

（二）連邦は、平和を維持するために、相互的・集団的安全保障制度に加入することができる。連邦は、そのさい、ヨーロッパおよび世界諸国民間に、平和な永続的秩序をもたらし、かつ保障する主権的諸権利の制限に同意するであろう。

（三）国際紛争を規律するために、連邦は、一般的・包括的・義務的国際仲裁裁判に関する協定に加入するであろう。

二六条

（一）諸国民の平和的共同生活を妨害するおそれがあり、かつ、このような意図でなされた行為、とくに、侵略戦争の遂行を準備する行為は、違憲である。このような行為は処罰されなければならない。

（二）戦争遂行用の武器は、連邦政府の許可をえてのみ、これを製造し、運搬し、かつ、取引することが許される。詳細は、連邦法律で、これを定める。

（三）何人も、その良心に反して、武器をもってする戦争の役務を強制されてはならない。詳細は、連邦法律で、これを定める。

〔出典〕深瀬忠一『戦争放棄と平和的生存権』（岩波書店）

※コスタリカ憲法（一九四九年一一月公布、施行）

一二条

① 常設制度としての軍隊は、禁止される。

② 警備および公共秩序の維持のためには、必要な警察隊を置く。

③ 大陸協定によるか、もしくは国の防衛のためにのみ、軍隊を組織できる。いずれの場合においても、軍隊は文民の権力に服する。軍隊は個別的であると集団的であるとを問わず、評議をし、あるいは宣言を発してはならない。

〔出典〕澤野義一「資料コスタリカの永世的、積極的、非武装的中立に関する大統領宣言―訳者解題と資料翻訳―」『龍谷法学』二四巻一〇号所収

※パラオ憲法（一九八〇年七月三一日パラオ議会承認、一九八一年一月一日施行）

前文

われらの固有の主権の行使において、われらパラオ国民は、われらのはるか遠い昔からの権利が、われらの祖国であるパラオ諸島において、最高のものであることを宣言し、再確認する。われらは、われらの伝統に基づく遺産、われらの国民的同一性並びに全人類の平和、自由および正義に対するわれらの尊敬を保持し、増進するためのわれらの献身を新たにする。主権を有するパラオ共和国憲法の制定において、われら自身の努力と全能なる神の聖なる導きを全面的に信頼して、将来に向って踏み出すものである。

第二条　主権および最高法規性

第一節　この憲法は国の最高法規である。

第二節　いかなる法律、政府の制定法またはパラオ政府が当事者である協定も、この憲法と抵触してはならない。抵触する部分は、効力を有しない。

第三節　国防、安全保障、外交関係を含み、しかし、これらのみに限定されるものではない、主たる政府の権限は、主権を有するパラオ共和国と、その他の主権国家または国際機関との間の条約、協約(compact) またはその他の協定 (agreement) によって委任することができる。ただし、かかる条約、協約または協定は議会 (Olbiil Era Kelulau) の各院議員の三分の二以上により、およびこの目的のために全国規模で実施される国民投票において、投票者の過半数により、承認されなければならない。ただし、この協定が、戦争に使用される核兵器、有毒化学、ガス兵器または生物学的兵器の使用、実験、貯蔵または処理を認めるものである場合には、かかる国民投票において、投票者の四分の三以上による承認を必要とする。

（注）一九九三年、国民投票の結果、憲法の非核条項を凍結する憲法修正案が可決され、アメリカとの「自由連合協

定」が成立した。九四年一〇月一日に主権国家として独立、一二月に国連に加盟した。

〔出典〕矢崎幸生編著『ミクロネシアの憲法集』(暁印書館)

※一九八六年フィリピン憲法(一九八七年二月二日国民投票承認)第二条八項

フィリピンは、国益に一致するものとして(consistent with the national interest)、領土内において非核兵器政策を採用し、かつ、追求する。

〔出典〕松宮敏樹著『こうして米軍基地は撤去された!—フィリピンの選択—』(新日本出版社)

※非核兵器法(一九八八年六月六日フィリピン上院可決、ただし下院は反対)

第一条　略称　この法律は「非核兵器法　Freedom From Nuclear Weapons Act」と略称される。

第二条　政策の再認　フィリピンは、その領域内において国益と一致する非核兵器政策を採用し、それを追求する。

第三条　原子力の平和利用　原子力の平和利用は、したがって認められる。原子力に関する商業上の輸送あるいは商業・研究用の施設は同様に、この法律の適用外にある。

第四条　用語の定義　本法は以下のように、その用語を定義する。

(1)「核兵器」とは、爆発を引き起こすために核分裂あるいは核融合、あるいはその両者の組み合わせを利用する装置あるいは兵器、あるいはその部品や要素parts or componentsを指す。もちろん、その中には核ミサイル発射装置のような発射台その他、また核兵器に対する管理・支配・伝達システムの不可欠の部分である核基地が含まれる。

(2)「フィリピンの領域Philippine territory」とは、この法の目的にとってはフィリピン憲法第一条で定義され、国際法の一般的原則に照らしても合致するものとする。

第五条　禁止される行為　誰であってもフィリピンの領土及び領海内に、通過であっても荷の積みおろしであっても、核兵器あるいはその部品や要素を持込むことは禁止される。また、それらを所有し、あるいは占有することも禁止される。したがって、以上のことによって、それらの展開・製造・取得・実験・使用・導入・取付け・貯蔵、さらに現在、わが国の領域内にある合州国の基地をふくめて、どんな形式にせよ、領域内にある一切の第四条第一項に列挙されている核関連施設、また領域内への核部隊・核艦船あるいは核輸送船・原潜・核搭載機あるいは核輸送機の到来・通過・寄港・駐留・給油・給水なども禁止される。

第六条　関係条約　フィリピンは核軍拡に寄与する、あるいはそれを促す、第五条に該当するどのような計画にも参加、従事あるいは巻き込まれてはならない。フィリピンによって結ばれるどんな関係条約・協定も、どんな核兵器、あるいはその部品や要素もフィリピンの領域内に持ち込まれ、貯蔵され、あるいは配備され、また通過であっても搬入されてはならないという条件を除外してはならない。

第七条　核兵器監視委員会

(1)　一人の議長と二人の委員より成る核兵器監視委員会を創設する。彼等は指名委員会の同意を得て大統領によって任命される。彼等は三五歳以上、それ以前二年間、フィリピンに住む。生粋のフィリピン市民(natural-born citizen of the Philippines)でなくてはならない。また彼等は高潔な人格の持ち主で、そのうち少なくとも二人は自然科学あるいは物理学の学位を持ち、核軍縮の分野ではっきりと証明される経歴があり、国際関係や地球的な核戦略の動向についても一定の認識をそなえていなければならない。

(2)　議長と委員の任期は七年間で、再任は認められない。第一回の委員たちの任期は議長が七年、委員の一人が五年、他が三年、途中、空席ができた場合、前任者の未了期だけ、新たに委員が任命される。

(3)　議長と委員はそれぞれ憲法制定委員会の議長と委員と同等の報酬と権限が与えられる。

第八条　委員会の機能　委員会は以下の機能を持つ。

(1)　第五条に規定されている核兵器やその関連施設に対する禁止項目が順守されているかどうかを監視・調査・点検し、順守されていない場合には、それを要求すること。

(2)　フィリピン領域における核兵器に関する禁止条項への違反行為についての報告を検討すること。

(3)　委員会の監視・調査・点検及びその後の活動への市民の参加を促し、また支持すること。

(4)　地方における市民たちによる非核地帯運動を呼びかけ、それを支援すること。

(5)　フィリピン政府の政策が憲法の非核兵器条項や国連において採択された軍縮原理と背反していないかどうかを吟味すること。

(6)　非核兵器政策をさらに効果的に、また決定的に具体化するためには、どうしたらいいかについて市民の意見を求めるための公聴会や協議会を開くこと。

(7)　原子力の平和利用と同様、核爆発や核事故、死の灰や放射能、あるいは核のゴミ投棄の破壊的作用についての広汎な市民教育を援助すること。

(8)　情報部・警察・軍隊の機能や資源を利用し、また監視や点検活動、さらには国の非核兵器政策を効果的に具体化することについて必要に応じてそれらを非政府組織（NGO）に委任すること。

(9)　三カ月毎にフィリピン大統領・上下院議長に監視・点検及びその後の活動についての報告を提出すること。

(10)　顧問を雇い、その給金を定めること。また文官法やその細目にしたがって必要な公務員や雇員を指名すること。

(11)　委員会の科学技術担当の職員に継続的に研修を受けさせることによって、また適当な協同関係を開拓することによって核兵器の存在を見つけ出す政府の能力を高めること。

(12)　この法律を施行するのに必要な規則や細目を公布すること。

(13)　以下のような他の任務や機能も果すこと。

第九条　監視と点検の指標　委員会は軍用の船舶・車輌あるいは航空機・施設・装置について次の指標を守らなければならない。

(1)　フィリピンの領域内に入ったり、通過したり、ドッグ入りしたり、上陸あるいは着陸したり、駐留したりする艦船や車輌や航空機について、それが核兵器やその部品や要素を搭載していないことを委員会の指定する方法で宣誓の下に、それらの艦船・車輌・航空機の所有者あるいは艦長・代表士官・運転手・指揮官・パイロットが保証することを求める。委員会は、その保証を責任ある士官が拒否した場合には、その艦船や車輌や航空機のフィリピン領域内への立ち入りや駐留を拒まなければならない。

(2)　どんな艦船や車輌や航空機、あるいは施設や装置であっても、それらの中に核兵器やその部品や要素の存在が明らかになった場合は、委員会は正式に、そのことを、その所有者か公的な代表者か、あるいは責任ある士官に通告し、フィリピン領域内から、それらの艦船や車輌や航空機や施設や装置を直ちに移すよう求めなければならない。

(3)　もし、そのような警告にもかかわらず、それらの艦船や車輌や航空機が、その所有者か公的な代表者か、あるいは責任ある士官の拒否によってフィリピン領域に留まるような場合には、委員会は大統領の認可を得て、そのような拒否の詳細を公表し、権限をあたえられれば、それらの艦船や車輌や航空機を捕獲する措置を講じなければならない。フィリピン大統領・上下院議長・外務省及び国防省長官への特別報告の中で委員会は、フィリピンの主権と独立を守り、国益を増進するために、必要適切と思われるなら、このような勧告もしなければならない。

(4) 委員会はその機能を遂行するために外務省や国防省や大蔵省やその他の必要適切な機関と協調し、それらとの間に恒常的な協調関係をもつくり出して行かなければならない。

(5) 核兵器監視委員会が、非軍事用船舶や車輌や航空機が核兵器やその部品や要素を積載していると信ずるに足る十分な証拠を持っている場合は、第八条の諸規定及び本条の他の諸規定を適用できる。

第10条　罰則　本法第五条において違法と明らかにされたか禁止された行為を犯した者は、以下のように罰せられる。

(1) 違反が核兵器を含む場合は、裁判所の判断によって二〇年から三〇年までの懲役。

(2) 違反が核兵器の部品や要素を含む場合は、裁判所の判断によって六年から一二年までの懲役。

処罰される者が艦船・車輌・航空機・施設・装置の艦長・船長・指揮官・責任ある士官・乗組員・隊員である場合には、そのうち艦長・船長・責任ある士官には、その荷担の程度によって以上に規定されたそれぞれの最高の刑を受け、乗組員・隊員は最小の刑を受ける。

核兵器を組み立てようとする共同謀議が明らかとなった場合には、以上に規定された刑の中のより重い刑が、それらの謀議者それぞれに課せられる。

違反者が外国人である場合には、服役後、恩赦及び仮釈放の法律に従って国外に追放される。

違反者がフィリピン政府やその付属機関の公務員である場合は、上記の罰のほかに公職から永久に追放される。

違反者が法人や組合であれば、その理事長や総支配人や取締役が、刑事上の責任を問われる。

第11条　遭難船　遭難船は国際法の一般的原則にしたがってフィリピン領域内に入ることを許される。

第12条　充当金　本法の実施に必要な金額は一般特別支出法（the General Appropriations Act）に従っ

て支出される。
第13条　条項の分離　本法のある条項が違憲と宣告された場合は、それによって他の条項が無効になるということはない。
第14条　条項の無効　本法に背反するすべての法律、大統領布告（Presidential decrees）、行政命令、行政協定、大統領指示（Presidential issuance）あるいはその規定は、したがって無効となるか修正される。
第15条　発効　本法は二つ以上の全国紙に発表されてから一五日後に効力を発生する。
（Freedom from Nuclear Weapons, by Wigberto E.Tanada,June 1988より）
〔出典〕『非核自治体インフォメーション』第二号掲載の「フィリピン非核兵器法案全文」

※非核マニラ条例

第一条　マニラ市は非核地域として法人・個人を問わず何ぴとも行政区域内において、⑴原子力プラントを建設すること、⑵核燃料、核装置、核兵器を導入・保有・輸送・配備・生産すること、⑶核装置や核兵器を搭載する、あるいは原子力を動力とする車輌・水上艦あるいは潜水艦・飛行機・ヘリコプターを運転・操舵・着岸・ドッグ入りさせることは違法であると宣言する。
第二条　協定や契約や国際法の一般に認められた原理の範囲内で商事会社が医療用の目的で核物質を製造・輸送あるいは取扱いをすることは、本条例の適用外である。
第三条　第一条に列挙された違法行為を犯した艦船の艦長あるいは船長、車輌の運転手あるいは乗組員、飛行機の操縦士あるいは副操縦士、その他の違法行為に責任ある者は罰せられ、六カ月以内の禁錮と二〇〇ペソの罰金を科せられる。
第四条　商事会社の場合、社長・総支配人・取締役あるいは、その経営に責任ある個人を本条例では法的責任者とする。
第五条　本条例は、その採択と同時に効力を発生する。
（注）もともと本条例は一九八八年六月二三日、マニラ市議会定例総会で立法化された。しかし同年七月一三日、市長の承認なしに議会に戻された。だが同年七月二一日、市議会定例総会で一部修正して再び立法化された。しかし同年八月九日、市長の承認なしに再び議会に戻された。だが同年九月六日の今日、市議会の定例総会で二対三の票決で立法化され、同時に市長によっても承認された。
〔出典〕『非核自治体インフォメーション』第四号

※ボーラー決議案（一九二七年一二月一二日）

戦争は、社会に対して現存する最大の脅威であり、現にわが国民を苦しめている恐ろしい重税の重荷の原因となっているだけでなく、文明をまきぞえにし、崩壊させるほど過大な出費で、かつ破壊的なものとなっている。文明が野蛮状態から現状までの上昇傾向をしるしたのは、暴力と武力のかわりに法と裁判を発展させたからである。文明の天才が人間の紛争を解決させるための方法として発見したのは、法と戦争というただ二つの方法だけである。だから国際紛争を強制的に解決するいかなるプランにおいても、我々は戦争か法の手続きかのどちらかを選ばなければならない。

諸国間の戦争は、過去も現在も合法的制度であるから、いかなる国も理由のあるなしにかかわらず、自国の合法的権利のまさに範囲内において、他のいかなる国に対しても宣戦を布告することができる。

しかも革命戦争なり解放戦争なりは、非合法で犯罪的、ことばをかえれば大逆罪であるとされるのに、現行の国際法では紛争を解決するために行われる諸国間の戦争は、完全に合法なのである。

文明人に支配的な道徳感情は、あらゆる場所で、戦争という残忍で破壊的な制度に反対している。

平和を強制するための最終的な力として戦争に依存する同盟、連盟、あるいはプランはすべて、自己の破壊か軍事的支配の種を育て、自由と正義の徹底した破壊に至らしめている。

我々は、殺戮の一定の方法を非合法化する決議や条約を採択しても、戦争そのものが合法的でありつづけるかぎり、有効ではないという事実や、また国際関係において我々が手にしなければならないのは、戦争のルール・規則ではなく、戦争に反対する体系的な法であるという事実を承認しなければならない。

わが国の一七八七年の「憲法制定会議」において、集団としての人民（すなわち諸州ないし諸国家）に対して司法的決定の場合に行使される武力の使用は、原理的に不健全なものであり、宣戦布告と同等なものだということが、マディソン、ハミルトン、エルスワースによって正しく指摘された。

我々は、わが国の主権を有する諸州相互の紛争を審理し、判決する明確な管轄権をもったわが連邦最高裁判所の中に、真の国際法廷のための、有効かつ実行可能なモデルをもっている。

わが最高裁は一三七年もの間、武力にうったえることなしに、この管轄権を行使してきたが、その間、多数の紛争が裁判の手続きを踏んで平和的に解決された。もしこうした司法的平和的な解決がなければ、紛争はたぶん各州相互の戦争を引き起こすことになったであろう。このように最高裁は、国際紛争の強制的、平和的解決のための実行可能な実例を提供しているのである。

こうした司法手続きの性格をもった国際的取りきめは、いかなる国の独立をも束縛せず、またその主権を害することもないであろう。《また、その取り決めは、侵略や攻撃に対する固有でとり除くことのできない自衛の権利には関わりなく、影響を及ぼすものではないが、しかし、伝統的な戦争遂行のための単なる口実であってはならない。》（注：一九二六年一二月九日の第三回提案のみ《　》の文言があった。）

それゆえ、合衆国議会上院は以下、決議する。

第一に、上院の見解として、国家間の戦争を諸国民の法のもとで公的犯罪とすることにより、制度としてのあるいは国際紛争を解決する手段としての戦争は非合法化されるべきであり、各国は厳粛な協定や条約によって、国家間戦争を引き起こす者、扇動する者、あるいは戦争で暴利をむさぼる者たちを、わが国議会が合衆国憲法第一条八節で「諸国民の法に対する犯罪を定め処罰する」権能が与えられているのと同様の権能の下で、起訴し処罰する義務を負うよう助長されるべきこと。

さらに、戦争の非合法化及び現在まで詳説・発展・適応・持続されてきたすべての諸国民の平等と正義の原則に立脚した平和の国際法典が編纂され、採択されるべきこと。

第二に、戦争が非合法化されるとともに、戦争にかわる司法的な代替物が、主権を有する諸州（sovereign States）間の紛争を管轄してきたアメリカの連邦最高裁判所をモデルとして国際裁判所の形をとり、そうした性格を持ったものとして創設されるべきであり、この裁判所には、国際法典によって定義されまたは条約の下で生起する、純粋に国際的な紛争のすべてを審理し判決する義務的な（affirmative）裁判管轄権が与えられるべきこと（もしそうしたものが部分的にせよ存在する場合には修正して採用されるべきこと）。そして、この国際裁判所の判決は、いかなる名目ないし形態によるものであれ、戦争によって強制されてはならず、わが連邦最高裁判所における判決の強制と同様に、つまり、文明の段階に達したすべての国民（all enlightened nations）が公開かつ公正な調査と公平な決定にもとづく判決によせる尊敬、判決を遵守する義務を自ら引き受けようとする諸国民の合意、文明段階に値する世論（enlightened opinion）の強い力によって強制されなければならないこと。

〔出典〕河上暁弘「戦争非合法化思想―憲法九条の思想的淵源として（下）」所収の河上訳「ボーラー決議案」（『月刊状況と主体』一九九八年九月）なお、引用者（古川）が原文と照合し、訳語の修正や訳文の補訂を行なった。

【第2節】

※北海道函館市・核兵器廃絶平和都市宣言

わたくしたち函館市民は、美しい自然を誇り、すぐれた市民性をはぐくんできた函館を住みよい都市に発展させるため、市民とまちの理想像を市民憲章に定めています。

わたくしたちは、この理想が、世界平和の達成なくしてはありえないことを認識しています。

わたくしたち函館市民は、核戦争の危機が叫ばれている今日、世界で唯一の被爆国の国民として、また、平和憲法の精神からも、世界の人々とともに、再びこの地球上に被爆の惨禍が繰り返されることのないよう、核兵器の廃絶を強く訴えるものです。

わたくしたち函館市民は、非核三原則の堅持と恒久平和の実現を願い、明るく住みよい幸せな市民生活を守る決意を表明し、ここに核兵器廃絶平和都市の宣言をします。

（一九八四年八月六日）

※東京都港区・平和都市宣言並びに核武装阻止に関する決議

明るい平和な生活を営み人類の繁栄と、恒久平和を願う日本国民は、原爆の洗礼を受け、その恐るべき破壊力を躬をもって体験し、想像に絶する甚大なる被害を被った唯一の民族である。

この日本民族の苦い経験に基く、切なる願い、即ち、平和の確立、原水爆禁止の声は数次に亘って我国において開催された世界大会をはじめ、今や全世界に澎湃たる輿論を捲き起こしております。

このときにあたり、港区議会は、当港区を世界に誇る平和都市とすることを宣言し、他の平和都市宣言諸都市と手をたずさえて人類永遠の平和を希求し、併せて核兵器等による一切の武装と、すべての平和への逆行を阻止することを決議する。

（一九五八年一〇月一七日）

※東京都・国立市非核武装都市宣言

われわれ国立市民は、「日本国憲法」の前文に明記された世界の「恒久平和」を達成するという精神および憲法第九条に明記された「戦争の放棄・軍備及び交戦権の否認」を、国立市及び国立市民の行動原理として高く掲げたいと思う。

われわれの、この行動原理はヒロシマ・ナガサキ・第五福竜丸と三度にわたる原爆被爆の痛切なる体験に基づき、かかる悲劇が二度と再び人類社会において繰り返されてはならないとの確信に基づくものである。

われわれは、今日の国際社会がわれわれの念願にもかかわらず、絶えざる核軍拡競争と軍事的緊張の連続であるという事実を深く憂慮し、核軍縮こそ人類の生存にとって、最も優先させるべき課題であるとの認識の上にたって、すべての核保有国に対し核兵器の研究、実験、開発、配備を停止すること、及び率先して核兵器の削減を行うこと、及び非核保有国をも含めた核軍縮交渉を開始することを希望する。

われわれは、われわれの海や大地は戦争のために汚されることがあってはならず、人類の生存のために利用されるべきものであると確信するがゆえに、わが日本の国是たる「非核三原則」が無視され、われわれの海や大地に核兵器が持ち込まれることを懸念し、われわれの国立市域にいかなる国のいかなる核兵器も配備、貯蔵はもとより、飛来、通過することをも拒否することを宣言する。

また、国立市および国立市民は国内外の「非核武装」宣言都市と手を結び、核兵器完全禁止、軍縮、全世界の非核武装化に向けて努力することを宣言する。

（一九八二年六月二六日）

※神奈川非核兵器県宣言

核兵器を廃絶し、恒久平和を実現することは、世界唯一の核被爆国日本の国民共通の悲願であり、神奈川県民の心からの希求である。

核兵器の増強による国際緊張の高まりが、世界の平和と人類の生存に脅威を与えつつある今日、私たちは核兵器の廃絶と軍縮を世界に訴えざるを得ない。

美しい郷土を守り、豊かな暮らしを子や孫へ伝えることは、私たちの責務である。

私たち神奈川県民は、国是である「核兵器を持たず、つくらず、持ち込ませず」の非核三原則を県是とすることを宣言する。

（一九八四年七月五日）

※京都市・非核、平和都市宣言

真の恒久平和は、人類共通の念願である。

しかるに、核・軍備の拡張は、依然として強まり、世界平和、人類の生存に深刻な脅威をもたらしている。

我々は、世界最初の核被爆国民として、核兵器の恐ろしさ、被爆者の今なお続く苦しみをかみしめ、この地球上に再び広島、長崎のあの惨禍を繰り返させてはならないと、全世界の人々に訴えるものである。

ここに我々は、日本国憲法に掲げられた恒久平和の理念を日常の市民生活の中に生かし、子々孫々継承するために、非核、平和都市たることを厳粛に宣言するものである。

一、京都市は、非核三原則（作らず、持たず、持ち込ませず）の完全な遵守を求める。

一、京都市は、あらゆる国の核兵器の廃絶と軍縮を求める。

一、京都市は、核兵器及び核兵器積載の疑いあるものの京都市域への通過、搬入、飛来、貯蔵、滞留を拒否する。

一、京都市は、核兵器を生産、配備させない。

一、京都市は、戦争に協力する事務は行わない。

（一九八三年三月二三日）

※大阪府摂津市・憲法を守り人間を尊重する平和都市宣言

私たちは、憲法で戦争を放棄し、世界の恒久平和の実現に貢献することを誓っています。

しかしながら、世界各地では武力紛争が絶えず、近年の核兵器の発達は核戦争の起きる危険性を高め、人類の平和と生存に深刻な脅威を与えています。

国際社会の新たな秩序と安定が求められている今日、平和のうちに生存する権利並びに人間としての尊厳及び幸福追求の権利が尊重されることが全人類の切実な願いになっています。

ここに、摂津市は国内外の平和を愛する人たちとともに豊かで明るく住みよい社会の建設を積極的に推し進めることを決意し、憲法を守り人間を尊重する平和都市になることを宣言します。

（一九八三年三月三〇日）

※大分県佐賀関町・非核・平和都市宣言

世界の平和と安全、人類のしあわせは、みんなの願いです。

いま、アメリカ、ソ連を中心として、原爆・水爆の軍拡競争は、原爆や水爆を使う戦争がいつ起るかも知れないという恐怖をみんなに与えています。

私たちは、実際に原爆を落された国民として、世界のみんなに、非核三原則（核兵器をもたず、作らず、持ち込ませず）を固く守ることと、全部の核兵器の全面廃絶を訴え、人類生存、恒久平和にむけて、みんなで努力する決意を表明し、ここに非核・平和都市を宣言します。

宣言要旨

一、佐賀関町では、核兵器の生産・貯蔵・配備を認めない。

二、佐賀関町では、いかなる軍事行動・軍事演習も許されない。

三、佐賀関町の地上・上空・港湾および海浜のいずれでも核兵器および軍事用途の核物質の通過を認めない。

四、軍事用途以外の核物質は、議会および自治体の許可なしには、この区域内を通過させない。

五、この決議を自治体は遵守し、住民への徹底をはかる。

（一九八五年三月二五日）

※沖縄県読谷村・非核宣言

今日の世界情勢を見渡した場合、軍備増強に伴う戦争への危険性が日々高まりつつあります。

ことに去る第二次大戦において原爆の被害を被った我が国は世界でも唯一の被爆国であり〝核〟の恐ろしさを身をもって体験している国民として核の廃絶を願う気持ちは切なるものがあります。

しかるに国際環境は年々〝核〟の増える傾向にあり誠に憂慮に耐えません。

第二次大戦において戦場となった我が沖縄県は、とのほか戦争を拒否する思想を一層強固にしていかねばなりません。

あの恐ろしい〝核兵器〟の破壊力を思うとき、一日も早く核兵器がこの地上からなくなる日を願うと共に、折から開かれる国連の第二回軍縮総会において核廃絶への方向が一段と前進することを心から希望するものです。

我が読谷村民も、この時期に世界の平和を願う諸国民と共に核廃絶への決意を固め、ここに声を大にして非核宣言を行うものです。

（一九八二年六月五日）

〔出典〕以上の自治体宣言＝『全国非核自治体宣言文集』（『非核自治体通信』別冊、一九八五・八）

※非核兵器条例のモデル文案

第一条〔名称〕

本条例は〔自治体名〕非核兵器条例として公布されるものとする。

第二条〔目的及び認定〕

本条例の目的は、〔自治体名〕を、核兵器に関係する活動が禁止される非核兵器地帯として確立することにある。〔自治体名〕の住民は、〔自治体名〕内に核兵器施設が存在することは、次の各号に掲げる内容を理由として、地域社会の公衆の健康、安全、道徳、経済的繁栄及び一般的福祉の維持と直接相容れないものであることを認める。

(A) 核兵器問題に関する国内の激しい議論の結果として、核兵器のもたらす将来に重大な疑念が生じているため、核兵器産業の存在は地域社会の安定を害し、順調な経済の発展、賢明な土地利用及び社会的サービスの十分な分配を計画する地域社会の願望を妨げる。

(B) (1) 合州国が正当に批准した国際条約において明示されている合州国の法の下での核兵器使用の違法性、並びに

(2) 国際社会において普遍的に認められ、また合州国陸戦法規教範においても具体化されている平和に対する罪及び人道に対する罪を「計画、準備し、開始したこと」について個人の責任を問うニュールンベルグ諸原則を考慮して、本自治体は、核戦争の準備に巻き込まれることを止めさせるか、あるいは妨げるよう努める。

(C) 核兵器産業にともなう警備への要請は、〔自治体名〕の住民の市民的自由及び憲法上の諸権利を脅かし、同時に市民が地域社会の将来に関して決定を下すのに必要な情報の自由を制約する。

(D) 〔自治体名〕の住民の精神的健康が、人類の歴史の中で比類のない死と破壊を引き起こすかもしれない、またこの地域社会をテロ行為や敵国の軍事行動の目標とするかもしれない産業の存在によって脅かされる。

(E) 地域社会が核兵器に関係する活動を禁止することができないということは、広範な死と破壊に至るかもしれない政策の是認を意味し、それは〔自治体名〕の住民が有する価値観に反する。加えて、

(F) 資源を核兵器の発展に振り分けることは、雇用を減らし、また緊急に必要とされる職業訓練のような人的サービス、児童や年長者や障害者への社会的サービス、ホームレスのための避難所、教育、住宅供給、健康管理、公共輸送、非常時のサービス及び一般的な公的援助のために利用できる資源を少なくすることによって地域社会の経済を害する。

第三条〔核兵器業務の禁止〕

(A) 現存する業務の段階的廃止

本条例が採択される日に、〔自治体名〕内で、

核兵器又は核兵器の構成部分を開発・生産・配備・発射・維持又は貯蔵する業務に、それと知って従事している者は、本条例の採択の後二年以内に同業務を中止しなければならない。

(B) 核兵器業務の開始の禁止

本条例が採択された日現在、核兵器又は核兵器の構成部分を開発・生産・配備・発射・維持又は貯蔵する業務に従事していない者も、本条例採択以降〔自治体名〕内で同業務を開始してはならない。

(C) 適用除外

本条のいかなる規定も、次の活動を禁止するものと解釈されてはならない。

(1) 本条で特に述べられていない活動

(2) 基礎的な研究

(3) 核医学の研究と応用

(4) 煙探知機、発光時計その他の消費物資への核分裂物質の利用、又は、

(5) 連邦政府の直接の活動

第四条〔定義〕

「人」とは、自然人及び法人、施設その他の実体を意味するが、連邦政府又はいずれの連邦政府機関も含まないものとする。

「核兵器」とは、その目的が兵器、兵器の原型又は兵器の試験装置で、その故意による爆発が原子核を巻き込む分裂又は融合の反応により放出されたエネルギーから生ずるものをいう。この法の適用上、「核兵器」には兵器の誘導及び推進システム並びに発射機構、すなわち、兵器の輸送・誘導・推進・発射又は爆発の手段が含まれる。ただし、これらの手段が兵器の通常の輸送・誘導・推進・発射又は爆発において破壊されるか、あるいは不要とされることを条件とする。

「核兵器の構成部分」とは、放射性又は非放射性の装置であって、核兵器の運用に際して備え付けられ、かつその運用に寄与するよう企図されたものをいう。

「連邦政府の直接の活動」とは、連邦政府又はいずれかの連邦政府機関の行為を意味するが、独立の契約者の行為は含まない。

第五条〔人が必要とするものへの資源の再配分〕

〔市又は町〕議会は、〔自治体名〕平和転換委員会を設置する。同委員会は、公衆から証言を求め、財源及び生産設備を平和的で建設的用途に転換し、また核兵器産業に現在従事している者の再雇用のため資源を開発するために詳細な計画を準備するものとする。平和転換計画は、この法の採択から二年以内

に完了されなければならない。

第六条〔施行〕

本条例の違反は、――日以下の拘禁及び――ドルの罰金に処せられる。日々に渡る違反は、個別の違反とみなされる。

〔自治体名〕の住民はまた、本条例によって救済宣言あるいは命令を求める相応の私的な民事訴訟を起こす権利を持つ。そのような訴訟に勝った原告には妥当な弁護料が支払われる。

第七条〔分離可能な条項〕

本条例の条、項、号、文又は語のいずれも文面上あるいは運用上無効であると判示された場合でも、それは、本条例の他の条、項、号、文又は語に、またその適用に影響を及ぼさない。本条例の条、項、号、文又は語は分離可能であるとみなされる。

〔出典〕「マーク・C・コーガン 非核兵器環境の設計・モデル条例と条文解説」（非核自治体インフォメーション別冊『全国非核自治体宣言文集4』付録）

※非核兵器シカゴ市条例

第一条　定義

この条例の目的のために、以下の定義が用いられる。

(a)「個人person」とは普通の人、会社、機関その他の実在を指すが、連邦政府やその代理機関は含まない。

(b)「核兵器」とは、その意図的な爆発が核分裂あるいは核融合によって生まれたエネルギーの結果としてもたらされる兵器、兵器の原型、実験装置を指す。この条例の目的にとっては「核兵器」は、その誘導推進システムや引き金装置、つまり、その輸送・誘導・推進・引き金・爆発のための手段をも、その定義の中に含んでいる。というのは、それらの手段は、核兵器の普通の輸送・誘導・推進・引き金・爆発においては破壊されるか役立たずにされてしまうからである。

(c)「核兵器の構成要素」とは、放射性・非放射性を問わず、核兵器の展開のために設置され、それに役立つ仕掛けを指す。

(d)「連邦政府の直接の業務」とは、連邦政府あるいは法令によって作られた政府の代理機関による行為を指す。

第二条　核兵器事業の禁止

(a)　現存する業務の段階的廃止　いかなる個人もシカゴ市内で故意に核兵器あるいはその構成要素を設計・生産・配備・発射・維持あるいは貯蔵する

ことはできない。この禁止は、この条例の採択及び公表後二年間、効力を持つ。

(b) 核兵器事業の開始の禁止　この条例の発効日現在、核兵器あるいはその構成要素の設計・生産・配備・発射・維持あるいは貯蔵に従事していない、いかなる個人もシカゴ市内で同発効日以後、このような活動を開始することができない。

(c) 除外　以下のものは禁止されない。

(1)本章に特に述べられなかった活動　(2)基礎研究　(3)合州国憲法修正第一条に保証された公開の論評・議論・演説のために企てられた文書あるいは演説　(4)核医療の研究と応用　(5)煙探知機・夜光時計あるいはその他の消費製品　(6)連邦政府の直接の事業

第三条　社会的需要への財源の再配分

シカゴ市長はシカゴ平和転換委員会を提案し、議会がそれを設立する。同委員会の仕事は公衆から証言を求め、財源や生産設備を平和的で建設的な利用に転換し、核産業に現在、雇用されている人々の再雇用のための事業を開発するための具体的なプランを用意することである。平和転換プランは、この条例の採択後二年以内に完成されなければならない。委員会の最初の会合を起点とする第一年目の終りに、委員会は、その作業過程についての中間報告を提出しなければならない。そして、その中間報告は市議会に提出されると同時に市民に広く知られるために報道機関にも利用できるようにしなければならない。

平和転換委員会は議会の諮問と承認を得ながら市長によって指名される七人の委員によって構成される。委員会の指名について市長から諮問要請があった日から六〇日以内に市議会は、その指名について賛成あるいは反対の態度表明をしなければならない。六〇日以内に態度表明がなされない場合は、市長の指名は市議会の賛成をえたものと見做される。市長は委員会の議長として委員の一人を選任しなければならない。市長はまた市の経済開発局から委員会を助ける職員を用意しなければならない。

第四条　民間防衛

核攻撃とその結果として生ずる放射能汚染に対する民間防衛の無益を知り、市は核攻撃に備えた民間防衛計画やそれへの参加は無益であるうえに危険であると宣言する。したがって市は核戦争の勃発やその脅威をもっぱら想定した、いかなる民間防衛あるいは避難計画にも参加しない。

ただし本条は、他の種類の民間防衛あるいは災害予防計画を禁止あるいは制限するものと解釈されてはならない。

第五条　非核兵器地帯記念日

一九四五年、日本の都市広島に最初に核兵器が使用されたことを記念して、シカゴ市は八月六日を「非核兵器地帯記念日」と宣言する。市は毎年、この日に相応な所見を発表しなければならない。そしてそこには本条例を具体化しようとした市の活動についての市長の報告が含まれていなければならない。

第六条　非核兵器地帯の標識

市は市への入口や役所内に、シカゴが非核兵器地帯であると公告する標識を提示し続けなければならない。街路や、シカゴ市に入ってくる州道あるいは国道沿いに提示する場合は、合州国国道局の「標準道路交通管理施設案内 Manual on Uniform Traffic Control Devices for Streets and Highways」の二八～四四節に規定された基準に従わなければならない。

第七条　処罰

本条例の違反者には三〇日以内の禁錮及び一〇万ドル以内の罰金が科せられる。違反が複数日に及んだ場合、複数の違反と見做される。

第八条　分離

本条例のいかなる章・条・節・文・語句が文面上あるいは運用上、不必要になっても、本条例の他の章・条・節・文・語句、それからそれらの適用を無効にするものではない。つまり本条例の章・条・節・文・語句は分離可能である。

（一九八六年三月一二日シカゴ市議会議決）

〔出典〕『非核自治体インフォメーション』第三号

※品川区平和基金条例

〔設置〕

第一条　核兵器の廃絶と恒久平和の確立に寄与することを目指して行う事業に要する財源を確保するため、非核平和都市品川宣言を契機に品川区平和基金（以下「基金」という）を設置する。

〔基金の額〕

第二条　基金の額は一億円とする。

〔基金の管理〕

第三条　基金に属する現金は、金融機関への預金その他最も確実かつ有利な方法により管理しなければならない。

2　基金に属する現金は、必要に応じ最も確実かつ有利な有価証券に代えることができる。

〔運用利益の処理〕

第四条　基金の運用から生ずる収益は、一般会計歳入歳出予算に計上して、基金の目的を達成するための経費に充当する。

〔処分〕

第五条　区長は、基金の目的のため必要があるときは、その全部または一部を処分することができる。

〔委任〕

第六条　この条例に定めるもののほか、基金の管理に関し必要な事項は、区長が決める。

付則　この条例は、公布の日から施行する。

〔説明〕核兵器の廃絶と恒久平和の確立に寄与するため、品川区は平和基金を設置する必要がある。

（一九八六年三月一四日公布）

〔出典〕『月刊非核自治体通信』第一四号

※藤沢市平和基金条例

平和基金設置の基本的考え方

1　目的

一九八〇年に英国マンチェスター市で始まった非核自治体運動は、今その輪が、全世界に広がってきており、世界で四二〇〇を超え、我が国でも一一県一三四三市区町村が非核宣言を行っている。

本市は、昭和五七年六月に核兵器廃絶平和都市を宣言し、その後、平和モニュメントの設置、平和展、広島平和ツアーなどの諸事業を市民と共同で展開してきた。

市民の安全・健康・福祉を守るうえで基本的な条件である「平和」に対する意識の啓発を中心に、宣言の趣旨を不変なものとして継続的・安定的に事業を行っていく必要がある。

そのため、基金を設置して、そこから生まれる果実を、市民共通の願いである恒久平和実現のために、長期にわたって使途を定めていこうと考えている。

2　基金の額

基金として積み立てる額は、五億円とし、三年間で達成する予定。

3　基金の処分

基金から生ずる収益金に相当する額の範囲内で、核兵器廃絶平和都市宣言にふさわしい、市民を対象とした事業の経費に充てる。具体的には、憲法記念のつどい、平和展、平和ツアーなど、現在「平和都市宣言推進費」のなかで実施している事業を考えている。

4　条例の施行

平成元年四月一日

〔設置〕

第一条　藤沢市核兵器廃絶平和都市宣言（昭和五七年藤沢市告示第二九号）の趣旨を体し、核兵器廃絶と恒久平和の確立に寄与することを目指して行う事業の財源を確保するため、地方自治法（昭和二二年法律第六七号）第二四一条の規定に基づき、藤沢市平和基金（以下「基金」という）を設置する。
〔積立額〕
第二条　基金として積立てる額は、五億円とする。
〔積立て〕
第三条　毎年度基金として積立てる額は、次の各号に掲げるものの合計額とし、一般会計歳入歳出予算に計上して基金に編入するものとする。
(1)　基金の趣旨に添う寄付金
(2)　市の基金
(3)　基金の運用から生ずる収益金
〔基金の管理〕
第四条　基金に属する現金は、金融機関への預金その他最も確実かつ有利な方法により保管しなければならない。
2　基金に属する現金は、必要に応じ、最も確実かつ有利な有価証券に代えることができる。
〔運用収益の処理〕
第五条　基金の運用から生ずる収益は、一般会計歳入歳出予算に計上して、基金に編入するものとする。
〔処分〕
第六条　基金は、第一条に掲げる事業の費用に充てる場合に限り、これを処分することができる。
2　前項の処分することができる額は、前条の規定により基金に編入された収益金額に相当する額の範囲内とする。
〔委任〕
第七条　この条例の施行について必要な事項は、市長が定める。

〔出典〕林茂夫著『戦争不参加宣言―国際人権法ができる自治体の平和保障』（日本評論社）

※名古屋大学平和憲章

わが国は、軍国主義とファシズムによる侵略戦争への反省と、ヒロシマ・ナガサキの原爆被害をはじめとする悲惨な体験から、戦争と戦力を放棄し、平和のうちに生存する権利を確認して、日本国憲法を制定した。
わが国の大学は、過去の侵略戦争において、戦争を科学的な見地から批判し続けることができなかった。むしろ大学は、戦争を肯定する学問を生みだし、軍事技術の開発にも深くかかわり、さらに、多くの学生を戦場に送りだした。こうした過去への反省から、戦後、大学は、「真理と平和を希求する人間の育成」を教育の基本とし、戦争遂行に加担するというあやまちを二度とくりかえさない決意をかためてきた。

しかし、今日、核軍拡競争は際限なく続けられ、核戦争の危険性が一層高まり、その結果、人類は共滅の危機を迎えている。核兵器をはじめとする非人道的兵器のすみやかな廃絶と全般的な軍縮の推進は、人類共通の課題である。

加えて、節度を欠いた生産活動によって資源が浪費され、地球的規模での環境破壊や資源の涸渇が問題となっている。しかも、この地球上において、いまなお多くの人々が深刻な飢餓と貧困にさらされており、地域的および社会的不平等も拡大している。「物質的な豊かさ」をそなえるようになったわが国でも、その反面の「心の貧しさ」に深い自戒と反省がせまられている。戦争のない、物質的にも精神的にも豊かで平和な社会の建設が、切に求められている。

今、人類がみずからの生みだしたものによって絶滅するかもしれないという危機的状況に直面して、われわれ大学人は、過去への反省をもふまえて、いったい何をなすべきか、何をしうるか、鋭く問われている。

大学は、政治的権力や世俗的権威から独立して、人間の立場において学問に専心し、人類の精神と英知をになうことによってこそ、最高の学府をもってみずから任じることができよう。人間を生かし、その未来をひらく可能性が、人間の精神と英知に求められるとすれば、大学は、平和の創造の場として、また人類の未来をきりひらく場として、その任務をすすんで負わなければならない。

われわれは、世界の平和と人類の福祉を志向する学問研究に従い、主体的に学び、平和な社会の建設に貢献する有能な働き手となることをめざす。

名古屋大学は、自由闊達で清新な学風、大学の管理運営への全構成員の自覚的参加と自治、各学問分野の協力と調和ある発展への志向という誇るべき伝統を築いてきた。このようなすぐれた伝統を継承し、発展させるとともに、大学の社会的責任を深く自覚し、平和の創造に貢献する大学をめざして、ここに名古屋大学平和憲章を全構成員の名において制定する。

1　平和とは何か、戦争とは何かを、自主的で創造的な学問研究によって科学的に明らかにし、諸科学の調和ある発達と学際的な協力を通じて、平和な未来を建設する方途をみいだすよう努める。

その成果の上に立ち、平和学の開講をはじめ、一般教育と専門教育の両面において平和教育の充実をはかる。平和に貢献する学問研究と教育をすすめる大学にふさわしい条件を全構成員が共同して充実させ、発展させる。

2　大学は、戦争に加担するというあやまちを二度とくりかえしてはならない。われわれは、いかなる理由であれ、戦争を目的とする学問研究と教育には従わない。

そのために、国の内外を問わず、軍関係機関およびこれら機関に所属する者との共同研究をおこなわず、これら機関からの研究資金を受け入れない。また、軍関係機関に所属する者の教育はおこなわない。

3 大学における学問研究は、人間の尊厳が保証される平和で豊かな社会の建設に寄与しなければならない。そのためには、他大学、他の研究機関、行政機関、産業界、地域社会、国際社会など社会を構成する広範な分野との有効な協力が必要である。

学問研究は、ときの権力や特殊利益の圧力によって曲げられてはならない。社会との協力が平和に寄与するものとなるために、われわれは、研究の自主性を尊重し、学問研究をその内的必然性にもとづいておこなう。

学問研究の成果が人類社会全体のものとして正しく利用されるようにするため、学問研究と教育をそのあらゆる段階で公開する。

社会との協力にあたり、大学人の社会的責任の自覚に立ち、各層の相互批判を保障し、学問研究の民主的な体制を形成する。

4 われわれは、平和を希求する広範な人々と共同し、大学人の社会的責務を果たす。

平和のための研究および教育の成果を広く社会に還元することに努める。そして、国民と地域住民の期待に積極的に応えることによって、その研究および教育をさらに発展させる。

科学の国際性を重んじ、平和の実現を求める世界の大学人や広範な人々との交流に努め、国際的な相互理解を深めることを通じて、世界の平和の確立に寄与する。

5 この憲章の理念と目標を達成するためには、大学を構成する各層が、それぞれ固有の権利と役割にもとづいて大学自治の形成に寄与するという全構成員自治の原則が不可欠である。

われわれは、全構成員自治の原則と諸制度をさらに充実させ、発展させる。われわれは、この憲章を、学問研究および教育をはじめとするあらゆる営みの生きてはたらく規範として確認する。そして、これを誠実に実行することを誓う。

（一九八七年二月五日採択）

〔出典〕『非核自治体通信』第二五号

【第3節】

※核兵器積載艦艇の神戸港入港に関する決議

神戸港は、その入港船舶数及び取扱い貨物量からみても世界の代表的な国際商業貿易港である。

利用する者にとって使いやすい港、働く人にとっては働きやすい港として発展しつつある神戸港は、同時に市民に親しまれる平和な港でなければならない。

この港に核兵器が持ち込まれることがあるとすれば、港湾機能の阻害はもとより、市民の不安と混乱は想像に難くないものがある。

よって神戸市会は核兵器を積載した艦艇の神戸港入港を一切拒否するものである。以上、決議する。

（一九七五年三月一八日・神戸市議会）

※神戸市港湾条例

第三条　港湾施設を使用しようとするものは、市長の許可を受けなければならない。

第六条　市長は…使用に係わる危険を防止し、秩序を維持し、また環境を保全するために必要な条件を付し、及びこれを変更する事ができる。

第三六条　市長は必要があると認めるときには使用者に対し…港湾施設の使用に関する事項についての関係書類の提出を求めることができる。

〔出典〕新倉裕史「『非核神戸方式』の今日的意味と吹き始めた『非核港湾の風』」『都市問題』九〇巻一〇号

※石垣市平和港湾宣言決議（一九九九年八月二六日、石垣市議会にて可決。賛成一一、反対一〇、欠席一、退場一、議長一）

石垣港は、わが国の南の玄関として、地域経済の振興と市民の生活安定に重要な役割を果たして来た。八重山圏域の発展と港の繁栄は、平和のもとで、生産、消費等諸活動が保障されてきたからにほかならない。

利用するものにとっては使いやすい港、働く人にとっては働きやすい港として発展しつつある石垣港は、同時に親しまれる平和な港でなければならない。

したがって、平和で豊かな自然文化都市をめざす石垣市は、石垣港が歴史的に果たしてきた役割を評価するとともに、日本国憲法の崇高な理念に基づき、非核三原則の完全実施を求めるとともに、「石垣市非核平和都市宣言」（一九八四年三月）を一層発展させ、今後とも石垣港が、貿易・物流の発展に寄与し、明るく住みよい市民生活を守り、平和と繁栄をもたらす利用の促進が図られるよう、ここに「石垣市平和港湾」を宣言する。

〔出典〕田巻一彦「資料：新ガイドラインをめぐる自

治体の動き」『都市問題』九〇巻一〇号

※ニュージーランド非核地帯・軍縮・軍備管理法抄（一九八七年六月四日採択）

ニュージーランドに非核地帯を設け、軍縮と国際的な軍備管理の実質的な過程へのニュージーランドの積極的で効果的な寄与を推進し、ニュージーランドで以下の諸条件を実施する法律。

(a)　一九八五年八月六日の「南太平洋非核地帯条約」

(b)　一九六三年八月五日の「大気圏内、宇宙空間および水中における核兵器の実験を禁止する条約」

(c)　一九六八年七月一日の「核兵器の不拡散に関する条約」

(d)　一九七一年二月一一日の「核兵器およびその他の大量破壊兵器の海底における設置の禁止に関する条約」

(e)　一九七二年四月一〇日の「細菌兵器（生物兵器）および毒素兵器の開発、生産・貯蔵の禁止ならびに廃棄に関する条約」

本法はニュージーランド国会により以下のように制定される。

第一条　略称――本法は、一九八六年ニュージーランド非核地帯・軍縮・軍備管理法と呼称される。

第三条　法の政府拘束――この法律は、政府を拘束する。

第四条　ニュージーランド非核地帯――ここにニュージーランド非核地帯が設立され、以下の各項によって構成される。

(a)　ニュージーランドの領域内のすべての陸地、領土および陸地内の水域

(b)　ニュージーランドの内海

(c)　ニュージーランドの領海

(d)　本条の(a)～(c)の各項に特定された地域の上空

第五条　核爆発装置の取得の禁止――(1)ニュージーランド国民またはニュージーランドに定住する者は何人も、ニュージーランド非核地帯内で以下のことをおこなってはならない。

(a)　核爆発装置の製造、取得または保有あるいは管理

(b)　核爆発装置の製造、取得、保有あるいは管理への援助、教唆、斡旋

第六条　核爆発装置の配置の禁止――何人も、ニュージーランド非核地帯内で核爆発装置を設置したり、陸上や陸地内の水域や内海上を輸送したり、貯蔵、配備してはならない。

第七条　核爆発装置の実験の禁止――何人も、ニュージーランド非核地帯・軍縮・軍備管理法と呼称される。

ジーランド非核地帯内で核爆発装置の実験をしてはならない。
第九条　ニュージーランド内海への進入――（略）(2)首相は外国軍艦がニュージーランドの内海に入るにあたって核爆発装置を搭載していないと確信できた場合にのみ、進入への許可をあたえることができる。
第一〇条　ニュージーランドへの着陸――（略）(2)首相はその外国軍用機がニュージーランドへの着陸にあたって核爆発装置を搭載していないと確信できた場合にのみ、着陸の許可をあたえることができる。
第一一条　原子力推進船舶の寄港――原子力に、その推進力を全面的あるいは部分的に依存している船舶のニュージーランド内海への進入は禁止される。
第一四条　違反および罰則――(1)本法第五条～第八条いずれかの規定に違反する者、あるいは遵守を怠る者は、本法に対する違反と見なされる。(2)本法に対する違反を犯した者は、起訴による有罪判決によって一〇年以下の禁固刑に処せられる。
第一六条　軍縮・軍備管理政府諮問委員会の設立――これによって軍縮・軍備管理政府諮問委員会が設立される。
第二四条B　新しい諸条の挿入――一九七四年海洋汚染法は、ここに第二一条（一九八〇年海洋汚染修正法第四条で規定されているように）の後に次の諸条を挿入し、改正される。
第二一条A　放射性廃棄物投棄の違反
1　本法に反する条項がない限り、本条第(2)項で言及される者は、以下の場合、違反とみなされる。
(a)　放射性廃棄物あるいは他の放射性物質を投棄の目的で、以下の領域内で船舶あるいは航空機に積み込んだとき、
(1)　ニュージーランド内、あるいは、
(2)　ニュージーランド領海内、あるいは、
(3)　本法が適用される沖合施設、あるいは固定、浮遊式のプラットホーム、
(b)　船舶あるいは航空機から放射性廃棄物か他の放射性物質を以下の領域内で投棄したとき、
(1)　ニュージーランド領海、あるいは、
(2)　（一九七七年領海・専管的経済地域法第九条で規定されている）ニュージーランドの専管経済地域内の水域、
(3)　ニュージーランドの大陸棚の上部水域、
(4)　本号(1)から(3)までに規定した水域の下部の海底またはその表層土、
(c)　本法のこの部分が適用される沖合の施設、

あるいは固定、浮遊式のプラットホーム、他の人工構築物から海洋へ放射性廃棄物または放射性物質を投棄したとき、

(d)　本項の(b)(1)から(3)までに規定した水域外の海洋へニュージーランド船舶、国内商船、あるいは航空機から放射性廃棄物または放射性物質を投棄したとき、

2　以下の者は、本条第(1)項の違反で有罪とみなされる。

(a)　前項(a)(b)(d)に該当する場合は、その船舶の所有者または船長、あるいは（場合によっては）航空機の所有者および占有者。

(b)　前項(c)に該当する場合は、沖合施設、あるいは固定式、浮遊式のプラットホーム、または他の人工構築物の所有者とその作業管理者。

3　本条および本法の第二一条Bの目的としては、一般のゴミ（ヘドロ、浚渫物、飛散灰、農業廃棄物、建築資材、船舶を含む）は、以下の場合、放射性物質として扱わない。

(a)　人工による放射性核種で汚染されていないもの。

(b)　もっぱら核爆発装置の実験による地球規模の放射性降下物の拡散より生ずる放射性核以外の人工による放射性核で汚染されているもの。

(c)　天然に発生し、商業的利用に使われる可能性を持つ放射性核を起源としないもの。

(d)　天然あるいは人工による放射性核において濃縮されていないもの。

4　本条で有罪とされる者は、

(a)　略式裁判で一〇万ドル以下の罰金を科せられ、同時に、

(b)　違反にかかわるゴミを除去、清掃または移動するために要した費用、今後かかることになる費用については裁判所が算定した金額を支払わなければならない。

第二一条B　放射性廃棄物貯蔵についての違反

1　以下の領域内で放射性廃棄物または放射性物質を貯蔵する者は違反を犯したものとみなされる。

(a)　ニュージーランドの領海、

(b)　ニュージーランドの専管的経済地域の水域、（一九七七年領海・専管的経済地域法第九条で規定された）

(c)　ニュージーランドの大陸棚の上部水域、

(d)　(a)～(c)に規定した海域の下部の海底または

表層土

2　本条の違反で有罪とされた者は、

(a)　略式裁判で一〇万ドル以下の罰金を科せられ、かつ、

(b)　違反にかかわるゴミを除去、清掃または移動するために要した費用、今後かかることになる費用については裁判所が算定した金額を支払わなければならない。

〔出典〕『非核自治体インフォメーション』第六号

【第4節】

※国際的武力紛争の犠牲者の保護に関する追加議定書〔第一議定書〕

（千九百四十九年八月十二日のジュネーヴ諸条約に追加される国際的武力紛争の犠牲者の保護に関する議定書〔議定書Ⅰ〕）

署名一九七七年一二月一二日（ベルン）／効力発生一九七八年一二月七日／日本国未加入／当事国七八（朝鮮、ナミビアを含む）

第四部　文民たる住民

第一節　敵対行為の影響に対する一般的保護

第一章　基本原則及び適用範囲

第四八条〔基本原則〕

紛争当事国は、文民たる住民及び民用物に対する尊重及び保護のため、常に、文民たる住民と戦闘員とを、また、民用物と軍事目標とを識別することができるようにする。紛争当事国の軍事行動は、軍事目標のみを対象とする。

第四九条〔攻撃の定義及び適用範囲〕

1「攻撃」とは、攻撃としてであるか防御としてであるかを問わず、敵に対する暴力行為をいう。

2　この議定書の攻撃に関する規定は、紛争当事国に属するが敵対する紛争当事国の支配下にある領域を含めて、いずれの領域で行われるかを問わず、すべての攻撃に適用する。

3　この節の規定は、陸上の文民たる住民、個々の文民又は民用物に影響を及ぼす陸戦、空戦又は海戦に適用する。更に、陸上にある目標に対して海又は空から行われるすべての攻撃にも適用する。もっとも、海又は空における武力紛争の際に適用される国際法の諸規則に何ら影響を及ぼすものではない。

4　この節の規定は、第四条約、特にその第二編及び締約国を拘束する他の国際協定に含まれている

人道的保護に関する規則並びに陸上、海又は空にある文民及び民用物を敵対行為の影響から保護することに関する国際法の他の規則に追加されるものである。

第二章　文民及び文民たる住民

第五〇条〔文民及び文民たる住民の定義〕

1　文民とは、第三条約の第四条Ⓐ⑴から⑶まで及び⑹並びにこの議定書の第四三条のいずれの部類にも属しない者をいう。いずれの者も、文民であるかないかについて疑いがある場合には、文民とみなす。

2　文民たる住民とは、文民であるすべての者から成る。

3　文民の定義に該当しない者が文民たる住民の中に存在することは、文民たる住民から文民としての性質を奪うものではない。

第五一条〔文民たる住民の保護〕

1　文民たる住民及び個々の文民は、軍事行動から生ずる危険に対して一般的保護を享有する。この保護を実効的なものとするため他の適用可能な国際法の規則に追加される次の規則は、いかなる状況下においても、遵守するものとする。

2　文民たる住民全体及び個々の文民は、攻撃の対象としてはならない。文民たる住民の間に恐怖を広めることをその主たる目的とする暴力行為又は暴力による威嚇は、禁止する。

3　文民は、敵対行為に直接参加していない限り、かつ、その期間はこの節に規定する保護を享有する。

4　無差別攻撃は、禁止する。無差別攻撃とは、次の攻撃であって、それぞれの場合に、軍事目標及び文民又は民用物に区別なしに打撃を与える性質を有するものをいう。

(a)　特定の軍事目標を対象としない攻撃

(b)　特定の軍事目標のみを対象とすることのできない戦闘の方法及び手段を用いる攻撃

(c)　この議定書に規定する限度を超える影響を及ぼす戦闘の方法及び手段を用いる攻撃

5　特に、次の攻撃は、無差別とみなす。

(a)　都市、町村その他の文民若しくは民用物の集中している地域に所在する多数の明白に分離した別個の軍事目標を単一の軍事目標として取り扱うような方法及び手段を用いた砲爆撃による攻撃

(b)　予期される具体的かつ直接的な軍事的利益との比較において、過度に、巻添えによる文民の

死亡、文民の傷害、民用物の損傷又はこれらの複合した事態を引き起こすことが予測される攻撃

6　復仇の手段として文民たる住民又は個々の文民を攻撃することは、禁止する。

7　文民たる住民又は個々の文民の所在又は移動は、ある種の地点又は地域が軍事行動から免れるため、特に、軍事目標を攻撃から援護し又は軍事行動を援護し、有利にし若しくは妨げるために利用してはならない。紛争当事国は、軍事目標を攻撃から援護し、又は軍事行動を援護するために文民たる住民又は個々の文民の移動を命じてはならない。

8　この条の禁止の違反は、文民たる住民及び文民に関する法的義務（第五七条に規定する予防措置をとる義務を含む。）を紛争当事国に免除するものではない。

第五章　特別の保護を受ける地域及び地帯

第五九条〔無防備地域〕

1　紛争当事国が無防備地域を攻撃することは、手段のいかんを問わず、禁止する。

2　紛争当事国の適当な当局は、軍隊が接触している地帯の付近又はその中にある居住地で敵対する紛争当事国による占領のために開放されているものを、無防備地域と宣言することができる。無防備地域は、次のすべての条件を満たさなければならない。

(a)　すべての戦闘員並びに移動兵器及び移動軍用設備が撤去されていること。

(b)　固定した軍用の施設又は営造物が敵対的目的に使用されていないこと。

(c)　当局又は住民により敵対行為が行われていないこと。

(d)　軍事行動を支援する活動が行われていないこと。

3　地域内に、諸条約及びこの議定書により特別に保護される者並びに法及び秩序の維持のみを目的として保持される警察が存在することは、2に定める条件に反するものではない。

4　2に規定する宣言は、敵対する紛争当事国に通告するものとし、できる限り明確に無防備地域の境界を定めかつ記述するものとする。宣言が通告された紛争当事国は、当該宣言の受領を通報し、2に定める条件が実際に満たされている限り、当該地域を無防備地域として取り扱う。条件が実際に満たされていない場合には、直ちにその旨を宣言を行った紛争当事国に通報する。2に定める条

件が満たされていない場合にも、当該地域は、この議定書の他の規定及び武力紛争の際に適用される国際法の他の諸規則により与えられる保護を享有する。

5　紛争当事国は、地域が2に定める条件を満たしていない場合にも、無防備地域の設定について取極を行うことができる。取極は、できる限り明確に無防備地域の境界を定めかつ記述するものとし、必要な場合には、監視の方法を定めることができる。

6　5の取極により規律された地域を支配している締約国は、できる限り、他の締約国と合意する標識で当該地域を表示するものとし、標識は、明瞭に視認し得る場所、特に当該地域の周囲、境界及び主要道路に掲示する。

7　当該地域は、2に定める条件又は5の取極に定める条件を満たさなくなったときは、無防備地域としての地位を失う。当該地域は、このような場合にも、この議定書の他の規定及び武力紛争の際に適用される国際法の他の諸規則により与えられる保護を享有する。

第六〇条〔非武装地帯〕

1　紛争当事国が取極により非武装地帯の地位を付与した地帯へ軍事行動を拡大することは、その拡大が取極の条件に違反する場合には、禁止する。

2　取極は、明示の合意によるものとする。取極は、直接に又は利益保護国若しくはいずれかの公平な人道的団体を通じて口頭又は文書により締結すること及び相互的で同一の内容の宣言により行うことができる。取極は、平和の時にも、また、敵対行為の開始後にも締結することができるものとし、できる限り明確に非武装地帯の境界を定めかつ記述し、必要な場合には監視の方法を定めるものとする。

3　取極の対象は、通常、次のすべての条件を満たす地帯でなければならない。

(a)　すべての戦闘員並びに移動兵器及び移動軍用設備が撤去されていること。

(b)　固定した軍用の施設又は営造物が敵対的目的に使用されていないこと。

(c)　当局又は住民により敵対行為が行われていないこと。

(d)　軍事努力に直結した活動が終了していること。

紛争当事国は、(d)に定める条件の解釈及び4に規定する者以外の者で非武装地帯に入ることを許されるものについて合意を行う。

4　地帯内に諸条約及びこの議定書により特別に保護される者並びに法及び秩序の維持のみを目的として保持される警察が存在することは、3に定める条件に反するものではない。

5　非武装地帯を支配している締約国は、できる限り、他の締約国と合意する標識で当該地帯を表示するものとし、標識は、明瞭に視認し得る場所、特に当該地帯の周囲、境界及び主要道路に掲示する。

6　戦闘が非武装地帯の近くに迫ってきた場合及び紛争当事国が合意した場合には、いずれの紛争当事国も、軍事行動の遂行に関する目的で当該非武装地帯を利用することができないものとし、また、一方的にその地位を取り消すこともできない。

7　紛争当事国が3又は6の規定の著しい違反を行った場合には、敵対する紛争当事国は、当該地帯に非武装地帯としての地位を与えた取極の義務を免除される。このような場合には、当該地帯は、非武装地帯としての地位を失うが、この議定書の他の規定及び武力紛争の際に適用される国際法の他の諸規則により与えられる保護を享有する。

※非核無防備平和都市条例（案）――天理市

かつてわが国は、戦争によって国の発展を考えた。しかしそれは、大きな誤りであった。戦争は、わたしたちと世界の人々のいのちとくらしをおしつぶした。平和のうちにくらすこと、それは何にもかえがたく、限りなく大切であることをわたしたちは知った。だから、わたしたちは戦争を捨てた。このことを憲法を通して世界に宣言した。

わたしたちの決意は、今もゆるがない。わたしたちの願いは世界の人々の願いである。たしかな平和のために、わたしたちは力を尽くす。その証として、この条例を制定する。

第一条　天理市は、非核無防備平和都市である。

第二条　天理市は、国是である非核三原則にもとづいて、市内におけるあらゆる核兵器の製造・貯蔵・配備をみとめない。

第三条　天理市は、世界平和に貢献するために以下の事業を行う。

1　戦争に反対し、平和のための広報活動

2　憲法記念日を祝しての催事

3　非核・平和に関する事業・共催・あるいは後援

4　その他、この条例の主旨にそう事業

第四条　天理市は、戦時あるいはその恐れが明白な時、一九七七年の「一九四九年八月一二日のジュネーブ諸条約に追加される国際的武力紛争の犠牲者の保護に関する議定書」（ジュネーブ条約追加第一議定書）第五九条による無防備地域宣言を日本国政府及び当事国に通告する。

付則

1　この条例は公布の日から施行する

2　この条例の公布後は、すみやかに朝鮮語・中国語・フランス語・英語・インドネシア語・スペイン語・ドイツ語の翻訳文をつけて、国際連合事務局、国際連合加盟国その他の国などに送付する。

（天理市労働組合協議会・一九八六年直接請求、否決）

※非核都市平和条例（案）――小平市

〔目的〕

第一条　この条例は、国際平和を誠実に希求し、戦争と武力を永久に放棄することが明記されている日本国憲法、国の基本政策である「非核三原則」、武力紛争時における国際法規であるジュネーブ条約追加第一議定書、地方自治の本旨に基づいた「小平市非核都市宣言」を根拠として、小平市民に恒久の平和と安全を保障することを目的とする。

〔平和的生存権の保障〕

第二条　地方公共団体は、地方自治の本旨に基づいて、その地域住民の平和と安全と福祉を保障する責任を負い、その権限を持っていることを確認する。

2　小平市は、前項の規定に反する行為を行ってはならない。

(1)　市内で、核兵器、核燃料使用の機器等の製造、または貯蔵、または使用することに協力してはならない。

(2)　防衛施設、または防衛にかかわる営造物を設置することに協力してはならない。現存するものは小平市の平和と安全を守るために障害になると判断された時に撤去することに努めなければならない。

(3)　市および市民は、いかなる外国人に対しても敵対行為を行ってはならない。

(4)　その他あらゆる軍事行動を支援する活動を行ってはならない。

〔平和事業の施策〕

第三条　市および市教育委員会は、平和実現のためにつぎの事業を行なう。

(1)　平和意識の普及、宣伝

(2)　平和教育の推進

(3)　平和に関する記念行事の実施

(4)　条例の目的に沿ったその他の事業

2　前項の目的を達成するために、市民が企画、立案に積極的に参加できる委員会を公募によって設置する。

〔市と外国諸都市との国際交流〕

第四条　市および市教育委員会は、市民の平和に関する積極的な活動に協力し、平和を愛する諸外国国民との相互交流をはかり、国際平和に寄与するよう努める。

〔戦時における対応〕

第五条　市は、非常事態または万一我が国について戦争状態が生じ、あるいはその恐れが明白な時には、一九七七年の「一九四九年八月一二日のジュネーブ諸条約に追加される国際的武力紛争の犠牲者の保護に関する議定書」（ジュネーブ条約追加第一議定書）第五九条による「無防備地域宣言」を行い、その旨を日本国政府および当事国に通告する。

2　市は、同議定書の定める条件を満たすための措置を速やかに講ずる。

〔平和費の計上〕

第六条　市および市教育委員会は、本条例の目的を達成するために必要な費用を毎年予算に計上する。

〔条例の改廃〕

第七条　この条例は、選挙権を有する市民総数の五〇分の一以上の者の連署をもって、その代表者から長への改廃請求を得て、あるいは、市議会における条例の改廃手続きによって改正される。

付則　この条例は、公布の日から施行される。

2　この条例の公布後は速やかに、翻訳文を付けて、国際連合事務局、国際連合加盟国、その他の国などに送付する。

（非核平和をねがう小平市民の会、一九八八年直接請求、否決）

〔出典〕林茂夫・前掲書

◆新たな憲法学習のために

「平和の学力」をどう育てるか
――どう問いかけ、思考させるか

渡辺賢二

1　日本国憲法の平和原理に確信をもたせるには？

憲法を守るのは誰か？

日本国憲法の学習にあたって、まず、「日本国憲法を守るのは誰か」と問いかける。A君は「国民」と答える。それを受けて「国民だと思う人は手を挙げて」というと、クラスの三分の二くらいが手を挙げる。最近この傾向は強まっている。そこで「本当は誰と書いているか、憲法の条文で確かめてみよう」と指示する。

子どもたちは前文から順に追いかける。なかなか答えが出ない。数分たってからO君が「天皇、摂政、国務大臣、国会議員、裁判官、公務員と書いている」と九九条を指摘する。

これには「オーそうか」という声が聞こえてくる。

次に、「今あげた人たちが憲法を守らなかったらどうなるか」と聞いてみる。S君が九八条で「憲法に違反する法律、命令、詔勅、国務に関する行為はいけないとされている」と述べる。

「そうだね」と相づちをうったあと、「どうしてこうした内容になっているのか、憲法の性格と関連づけて考えてみよう」と班討論を呼び掛ける。

五班が最初に意見をまとめ、「憲法に違反する法律などを出すと、国民が困るから」と言う。三班は「憲法で国民主権が定められている。それに違反すると駄目だから」と答えた。九七条に着目した一班は「憲法は、基本的人権を保障するためにあるから」と指摘した。

こうして、憲法を国民一人ひとりの基本的人権との関係でとらえ、憲法を守るべき人が国民ではなく、為政者であることが自覚されるようになる。

こうした学習は、平和的生存権をとらえさせるためにも重要である。と同時に、自分の問題として平和を考えるためにも必要である。

憲法前文の平和原理と歴史のかかわりを考える

憲法前文を示し、「平和に関する部分を引き出し、それが戦前の歴史のどんな教訓から生まれたか考えてみよう」と問いかける。

I君は次の箇所を抜き出した。

政府の行為によって再び戦争の惨禍がおこることのないように

そして、日中一五年戦争や太平洋戦争をひきおこしたことの反省から生まれたものと説明した。

U君は次の箇所を抜き出した。

いずれの国家も、自国のことのみに専念して他国を無視してはならない

そして、戦前は、朝鮮や台湾を植民地にして支配したり、中国やアジアを侵略したことの反省から生まれたものと指摘した。

「八紘一宇」というスローガンでアジア諸民族を日本の支配下におくことを正当化し、「大東亜共栄圏」と言いながら、自国の資源獲得のために侵略したことを補足し、そうした自民族主義がファシズムを生んだことを考えさせる。

次に、「平和にかんしてどんなアピールを出しているか抜き出しそれへの意見を述べなさい」と指示する。

Yくんは次の箇所を抜き出した。

全世界の国民が、ひとしく恐怖と欠乏から免れ、平和のうちに生存する権利を有する

そして、これは今もある貧困や飢餓、そして人権抑圧などのない世界をつくることをアピールしていると述べた。また人権のなかに平和的生存権があることを主張している点も指摘した。

A君は次の箇所を抜き出した。

> 平和を維持し、専制と隷従、圧迫と偏狭を地上より除去しようと努めている国際社会において名誉ある地位を占めたい

そして、日本が平和国家として世界に貢献することを誓ったものであることを指摘し、これは理想だが、現実はそうなっていないと述べた。

今の日本がこうした立場と違った方向をとっていることについての問題があり、「名誉ある地位」はアジア諸国では確立していない点を資料で補足しつつ、このような「理想」を二一世紀にはどうやったら現実的課題にすることができるか考えてみようと呼びかける。それは現実社会では直ぐに解決できるようなものではないかもしれない。しかし、二一世紀で活躍する子どもたちが「理想」に向けて努力することは大切なことである。そこで「権利」を行使することの意味を考えてみたい。

権利主体になることの意味

ここでは、高校生の自主活動で、権利主体になることの意味を考えた取り組みを紹介したい。

川崎市では、「川崎市子ども権利条例」が制定されている。そこには子どもたちが討議に参加し、学びながら自らの意見を形成している。

例えばH君とI君は、子どもの委員として子どもの権利を考えるうち、根本的な自由や権利を考える必要があると思うようになった。そこで、戦争中の自由主義者について調べることとし、長野県穂高町を訪れた。そこでまずジャーナリストの清沢洌《きよし》を調べた。彼がなぜ『暗黒日記』を書き、そしてそこで言いたかったことを現地で学んだのである。また、『暗黒日記』の中で「永遠から永遠に生きねばならぬわれらの国家にとって、いうところの理想主義は結果について現実主義者である」という箇所から、理想や目標をもつことの大切さをも学んだ。そして、清沢について次のように述べる。

〈太平洋戦争の政治・経済状況や身のまわりの人間の権利が侵害されていくことへの怒り、未来への希望が書かれています。私たちは清沢から、『信念をもつことへの大切さ、言論の自由の大切さ』を学びました。〉

さらに、二人は『新版きけ　わだつみのこえ』（岩波文庫）の冒頭にのせられている上原良司の遺族を訪ねた。

そして、実際の遺品をみながら遺族の話を聞いて次のような意見をもった。

〈上原が戦死したのち見つかった「遺書」や「所感」には自由主義者としての彼の理論が記されており、「人間の自由を抑圧する今の日本は近いうち必ず敗れる」とそこで言っています。この二つの手記は『きけわだつみのこえ』に収められていますが、これほどまでに明確に自由主義を主張しているものはありません。〉

そして、こうした自由主義者から学ぶべき点として次のように言う。

〈戦時中のとても慌ただしい毎日の中で、自分たちだけでなく、未来を生きる私たちに向けて自由と権利の尊さを訴えた二人の思いを、私たちは受け継ぎ、今の社会に反映させなければならないと思います。〉

このように歴史から学び、それを引き継ぐことの大切さを自覚することは非常に大切だと思う。こうした取り組みによって二人は権利主体としての認識も深めるようになった。その点について次のように述べている。

〈日本人は、自分たちの自由や権利にたいする認識が低いと言われることがあります。しかし、自由や権利というものは自分たちで築き、守ってこそ活きるものだと思います。ただ与えられるのを待っていたのでは、それを「活きた権利」として使うことは出来ません。それは「川崎市子ども権利条例」に関しても同様のことが言えます。それを大人の手にゆだね、あれこれ決めてくれるのをただ待っていたら、すでに自由や権利は子どもたちの手から離れてしまっていると言えるでしょう。だからこそ私たち子どもが、「子どもの権利」の大切さや尊さを把握してこそ「子どもが主人公の社会」を目指すことになるのだと思います。そしてまた権利は、お互いを認め合うことがなければ成りたたないものです。子どもの権利は行政や大人たちが保障してくれるだけでなく、子どもが保障し合うものでもあるはずです。〉

こうした認識に達した彼らは、「川崎市子ども権利条例」に「平和を創る権利」を入れてほしいと主張してもいる。子どもたち自身の取り組みとなり、権利の主体となったとき、平和を創る力が育つものだと考える。

2 「平和の学力」をどう育てるか

「平和の学力」とは

日本国憲法の平和原理と日本の現状の乖離現象は大きい。しかも政治の状況をみると、一九九九年の新ガイドライン関連法の制定や国旗・国歌法の制定などによって「戦争が出来る国」への転換がはかられているようにも見える。これらは軍事力の優位によってすべてが決まるような雰囲気を作り出している。しかし、世界の動向をみるとき、それが多数派ではない。非暴力・戦争の禁止を求める世界的な取り組みが大きく前進していることに確信をもちたい。

一九九九年のハーグ世界市民会議では、「すべての議会は、日本国憲法第九条にならい、政府による戦争行為を禁止する決議を行うべきこと」という原則とともに「世界のすべての学校で、平和教育を必修にすべきである」と決議されている。この提起を受け、日本でも平和教育を必修にするとりくみをすすめたいものだ。その際「平和の学力」とはどんな学力をつけるのかということを考えてみたい。

第一は、今、平和を目指している現実の動きから学ぶことが必要だということである。そして第二は、非暴力・戦争禁止に向けてなにが可能かを考えさせることだと思う。さらに、第三には、歴史に学び、世界に学び自らの問題として、主体的に考える力を育てることだと考える。そこで、まず世界の動きから学ぶことの大切さからみてみたい。

コスタ・リカの取り組みから学ぶ

コスタ・リカは、面積が五・一万平方キロ、人口四一五万人（二〇〇三年）の小国である。コスタ・リカとは「豊かな海岸」の意味だが、貴金属や資源は産しない農業を中心とする国である。住民の九七％はスペイン系白人で、その他は黒人と原住民（インディオ）である。一八四八年に独立国となったが、憲法制定時は内戦の危機があったため、憲法ではそれを防ぐため自衛権を放棄しなかった。そしてこの時以降、七五〇〇人の国家・地方警備隊をもち、迫撃砲などの軽火器と二輛の装甲車、四機のセスナ機を所有していた。

しかし、一九八三年にモンへ大統領は、恒久的、積極的、非武装中立に関する大統領宣言を発した。さらに一九八六年に大統領になったアリアスは、国家警備隊の自動小銃を廃棄し、翌年ニカラグアとの和平合意を取り付けた。一九八九年のデータでは、軍事支出は国民総生産の〇・五％となった。そして国家予算の三分の一を教育予算にあて、平和を開発する取り組みを強めている。首都サンホセの近くのコロン市には「平和のための大学」が設置され、平和研究、とりわけ中米の紛争の非軍事的解決政策の研究などがおこなわれてきた。さらに最近では国連事務総長やユネスコ事務局長などを含む理事会も確立し、国際関係・協力、エコロジーと平和の二分野で大学院修士課程教育もなされるようになった。

こうした成果は、核兵器が違法かどうかを裁く国際法廷で遺憾なく発揮された。日本が核兵器違法の立場を取らなかったのに対し、コスタ・リカは十分調査した上でオーストラリア、エジプト、インドネシア、メキシコ、イラン、マレーシア、ニュージーランド、フィリピン、カタール、サモア、サンマリノ、ソロモン諸島、マーシャル諸島、ジンバブエとともに核兵器違法の立場をとった。

コスタ・リカを学習すると、第一に軍隊をもたないという似たような憲法をもっていても実質的に「軍隊」をもつ日本と対照的に、憲法を実際に守って軍隊をもっていない国があることが理解出来る。第二に、コスタリカのように平和教育を重視している国がどのように国際問題に対処しているかがわかる。つまり、平和を開発する力を育てるときに軍事力に依拠する危険性を克服させることが出来るということである。

こうした学習をすると、「コスタリカのような貧しい小国だからやれるんだ」などという批判も出る。しかし、そうした小国ですらこうしたことが出来るのだという見方こそが必要だと思う。

パラオやミクロネシア憲法に非核条項があることはよく知られている。こうした内容をしっかり学ぶことはもちろん必要である。

ここではそうしたことを前提に、ミクロネシア憲法前文から何を学ぶかを考えてみたい。

まず、その前文を紹介する。

「われら、ミクロネシア人民は、われらの固有の主権を行使して、ここに、このミクロネシア連邦憲法を制定する。

この憲法により、われらは、平和と調和のうちに共に生き、過去の伝統を保存し、将来の約束を守ろうとする、われらの共通の願望を確認する。

多くの島を一つの国家にするために、われらは、われらの文化の多様性を尊重する。われらの相違点は、われらを豊かにするものである。海は、われらを結びつけるものであり、分割させるものではない。われらの島は、われらを支え、われらの島嶼国家は、われらを拡張し、われらをより強いものとする。

これらの島に居を構えたわれらの祖先は、他民族にとって代わって住みついたものではない。戦争を知っているので、われらは、平和を願い、分割されたので、われらは、統一を望み、支配されたので、われらは、自由を求める。

ミクロネシアは、人が筏やカヌーに乗って、海の冒険に乗り出した時代に誕生した。すなわち、われらの世界それ自体が一つの島であった。

われらは、お互いに求めるもの、すなわち、われらの共通の人間性のなかにある平和、友情、愛を、すべての国家に広げる。他国の保護を受けていたわれらは、この憲法により、永久に、われら自身の島々の誇り高き守護者となるのである。」

（矢崎幸生『ミクロネシア憲法集』より）

この前文を子どもたちに読ませると、いろいろな感想をよせ、そしてそれまでの認識をかえていくことがわかる。

第一は、ミクロネシアへの認識の深まりである。感想でも「この前文を読むと、大変文学的で、イメージが湧いてくる」というものが多い。また、「多様性を尊重したり、相違点を豊かにするものととらえていることにびっくりした」とか、「人間性を平和、友情、愛ととらえていることに感動した」という子どももいる。「遅れた地域の人々」という把握をしていたことを反省させられるようである。

第二は、「戦争を知っているので平和を望み」という箇所と関係して、日本のおこなった戦争との関連やそれがミクロネシアの人々に与えた影響を考えさせることが出来るという点である。子どもたちはかつてそこが太平洋戦争で日米間の激戦地となったという認識は弱い。日本の委任統治をうけ、皇民化政策の名のもとで日本語を強要され、日本軍の一翼となって戦わされ、犠牲者も多く出た事実を知らない。したがってそうした資料を補足すると憲法の内容をさらに深く認識できるようである。

第三に、ミクロネシアの未来論から学ぶことについてである。この憲法前文では「ここに住むわれらは、この島以外の居住地は望まない」とされ、世界に平和のメッセージを発信する内容となっている。日本の現実をみるとき、「膨張主義」と「大国主義」の傾向が強い。こうした対比をさせながら、二一世紀の世界をどう考えるべきかを問いかけることが出来る。

非暴力・戦争抑止の思想をどう学ぶか

「平和の学力」の本質は非暴力・戦争抑止の力をどう育てるかということである。その点で第一に今までの歴史教育の再検討が必要ではないかと考える。今まで日本史にしても世界史にしても、戦争そのものの被害や加害・加担は教えても、それへの抵抗の立場や平和の思想の深まりについて学ぶ取り組みが遅れていたと考える。例えば、不戦条約一つとっても、その事実はふれられていても、それがどんな経過でどんな意義があるかという点では深めきれていない傾向があった。二〇世紀は「戦争の世紀」であった。帝国主義諸国の植民地支配と植民地再分割をめぐる対立が第一次世界大戦となり、ファシズム諸国による侵略が第二次世界大戦を生んだ。しかし、そうしたなかで脈々と戦争に抵抗しつつ平和の理論と組織をつくりだしてきた歴史もあったのである。

一八九九年、一九〇七年のハーグ平和会議をうけて成立した「開戦に関する条約」や「陸戦の法規慣例に関する条約」にはじまる国際法の発展過程のなかで国際連盟規約や不戦条約を位置付けること、そして第二次世界大戦を経て成立した国際連合憲章や日本国憲法の世界史的意義、さらに戦後の非同盟諸国の運動や非核地帯宣言、さらに最近の新アジェンダ連合の核廃絶を求める動き、化学兵器や地雷を廃棄することを求める動き、何よりも植民地支配と人権差別を克服する取り組みの成果などを体系的にカリキュラム化して授業に生かすことが求められている。

第二は、暴力・戦争を否定する二一世紀はどのようにしたら可能かということである。この点では、セビリア声明の立場をどれだけ子どもたちの立場にすることが出来るかにかかっているように思う。

セビリア声明は、一九八六年、国際平和年にあたって、国際的な専門家チームが会合し、まとめた見解をユネスコが採択したものである。

その前文は、「希望のメッセージとして出されたこと、平和は可能であること、戦争は終わらせることが出来ることを証明する」としている。また、結論としては、「生物であることを理由に戦争と暴力が肯定されることは誤りである。人間は戦争と戦争による苦しみを終わらせることができる。それは一人ではできない。みんな一緒に活動することによってはじめて可能となる。それが可能であることにまず、確信をもたせなくてはならない。戦争は古代に発明されたが、我々の時代に平和を発明することができる。それは我々の責任である」と述べている。

こうした立場に確信をもたせることは非常に大切な課題である。しかし、極めて困難な課題でもある。なぜならば、最近のサバイバル競争の動きは、力が強いもののみが生き残れるという雰囲気を子どもたちのなかにも広げているからである。これは、暴力を肯定する根深い基盤をつくっている。また、ファミコンゲームやパソコンゲームにみられるバーチャルなゲームのなかにもそうした暴力的な傾向の強まりがあって、子どもたちの認識状況への影響も深刻である。

そうしたなかで、セビリア声明の立場を理解させるためにはどうしたらいいのだろうか。一つは、生命が一回性のものであり、かけがえのないものだということをふまえ、生命を暴力や戦争によって奪うことの非条理さを徹底的に学習することが大切だと考える。

二つめは、その場合、どのような「平和の学力」をつけるカリキュラムが求められるか、ということについてである。この点では、今年、国連が展開している平和の文化国際年にあたっての「平和の文化宣言」の取り組みから学ぶべきことが多い。それは、次の六点の提起となっている。

一　生命およびすべての人権を尊重すること。

二　あらゆる形態の暴力を拒否し、対話と交渉を通して暴力の根本原因に取り組み、暴力による紛争を未然に防止するために行動すること。

三　現世代及び次世代にとっての開発と環境ニーズを公平に満たすためのプロセスに完全に参画すること。
四　男女の平等及び機会均等を促進すること。
五　すべての人々が、表現、意見、情報の自由を権利として所有していることを認識すること。
六　自由、正義、民主主義、寛容、連帯、協力、多元主義、文化の多様性の原則と、異なった国家・民族・宗教・文化・その他の集団そして個々の人の間の対話と理解促進に貢献する。

こうしたことを、学校をはじめ、地域・社会で具体化することが必要である。新しい学校づくりが求められるゆえんである。その際、それぞれの学校が教育目標に、暴力・戦争を否定し、それに抵抗する視点と、子どもを権利主体とし、自治的・民主主義的力を育成することを設定することが、重要である。新しく、小・中・高校に設置される総合的学習には、こうした平和教育こそが、ふさわしいと考える。

国連は、二〇〇一年から一〇年間にわたって非暴力・戦争廃止の取り組みをすることを決定している。国連には種々の問題もあるが、平和創造の取り組みにはおおいに参加する必要がある。国連は「Peace is in our hands.」（平和は私たちの手にかかっている）、「We can do it.」（私たちは平和を創れる）と呼び掛けている。私たちは、この立場に合流したい。

星野安三郎（ほしの・やすさぶろう）
1921年生まれ。太平洋戦争下の43年、東北大学進学直後、学徒出陣で軍隊に。敗戦後復学、憲法を学ぶ。その後、全国憲法研究会代表、日本教育法学会会長、日本学術会議会員等をつとめる。東京学芸大学、立正大学名誉教授。
著書『日本国憲法・平和的共存権への道』（高文研）『憲法』（勁草書房）他。

森田俊男（もりた・としお）
1921年生まれ。旧制東京外国語学校卒業。同盟通信社外信部に勤務。戦後、公立教育研究所・旧国民教育研究所で教育政策・平和教育の研究に従う。平和・国際教育研究会代表。
著書『増補　人類の良心・平和の思想』『平和教育についての宣言・勧告・条約集』（ともに平和文化）他。

古川　純（ふるかわ・あつし）
1941年生まれ。東京大学法学部卒。現在、専修大学法学部教授。
著書『戦争と平和』（共著、岩波書店）『日本国憲法の基本原理』（学陽書房）『新版　憲法の現況と展望』（共著、北樹出版）『恒久世界平和のために　日本国憲法からの提言』（共著、勁草書房）『日米新ガイドラインと周辺事態法』（共著、法律文化社）他。

渡辺賢二（わたなべ・けんじ）
1943年生まれ。横浜市立大学文理学部卒。現在、明治大学文学部非常勤講師。歴史教育者協議会・事務局長。
著書『子どもの見方・授業の作り方』『平和のための「戦争論」』（ともに教育史料出版会）『実物絵図で学ぶ日本近現代史』『風刺マンガで学ぶ日本近現代史』（ともに地歴社）他。

歴史教育者協議会（歴教協）
1949年、創立。会誌『歴史地理教育』を月刊で発行するほか、各都道府県に支部をおいて研究・実践活動をすすめている。
事務局：東京都豊島区南大塚2 - 13 - 8　千成ビル（〒170 - 0005）
TEL03 - 3947 - 5701　FAX03 - 3947 - 5790

世界の中の憲法第九条

●二〇〇〇年　八月　一日――第一刷発行
●二〇〇四年一〇月　一日――第二刷発行

著　者／星野安三郎《ほしのやすさぶろう》・古川《ふるかわ》　純《あつし》
森田《もりた》　俊男《としお》・渡辺《わたなべ》　賢二《けんじ》

発行所／株式会社高文研
東京都千代田区猿楽町二―一―八
三恵ビル（〒一〇一＝〇〇六四）
電話　03＝3295＝3415
振替　00160＝6＝18956
http://www.koubunken.co.jp

印刷・製本／三省堂印刷株式会社

★万一、乱丁・落丁があったときは、送料当方負担でお取りかえいたします。

ISBN4-87498-242-5　C0032